AF608688

Sophokles

# Die Trachinierinnen
# Tragödie

Übersetzt und annotiert
von Kurt Steinmann

Mit einem Essay
von Anton Bierl

Herausgegeben
von Anton Bierl

Schwabe Verlag

Publiziert mit freundlicher Unterstützung der Universität Basel.

Bibliografische Information der Deutschen Nationalbibliothek
Die Deutsche Nationalbibliothek verzeichnet diese Publikation in der Deutschen Nationalbibliografie; detaillierte bibliografische Daten sind im Internet über http://dnb.dnb.de abrufbar.



Abbildung Umschlag: «Die Frauen von Trachis» am Schauspielhaus Zürich (Spielzeit 2024/25), © Matthias Horn, Berlin
Korrektorat: Anna Jung, Berlin
Cover: icona basel gmbh, Basel
Layout und Satz: Claudia Wild, Konstanz
Druck: Prime Rate Kft., Budapest
Printed in the EU
Herstellerinformation: Schwabe Verlag, Schwabe Verlagsgruppe AG, St. Alban-Vorstadt 76, CH-4052 Basel, info@schwabeverlag.ch
Verantwortliche Person gem. Art. 16 GPSR: Schwabe Verlag GmbH, Marienstraße 28, D-10117 Berlin, info@schwabeverlag.de
ISBN Printausgabe 978-3-7965-5420-9
ISBN eBook (PDF) 978-3-7965-5421-6
DOI 10.24894/978-3-7965-5421-6
Das eBook ist seitenidentisch mit der gedruckten Ausgabe und erlaubt Volltextsuche. Zudem sind Inhaltsverzeichnis und Überschriften verlinkt.

rights@schwabe.ch
www.schwabe.ch

# Inhalt

# Vorwort

Die *Trachinierinnen* des Sophokles samt ihrer komplexen Rezeptionsgeschichte haben mich schon immer fasziniert. Im Herbstsemester 2016 hielt ich dazu an der Universität Basel ein Seminar mit zahlreichen anregenden Diskussionen. Den damaligen Teilnehmerinnen und Teilnehmern danke ich für ihre Beiträge. Muriel Gerstner, die bekannte Bühnenbildnerin und Theaterschaffende, die ich im Herbst 2022 als rege Mitdiskutantin im Seminar zu Aischylos' *Prometheus* kennenlernen durfte, besuchte seitdem manche meiner Veranstaltungen, unter anderem die Vorlesungen zu den griechischen Helden, zum Krieg in der griechischen Literatur und zu Sophokles, die auf grossen Widerhall stiessen und in denen die *Trachinierinnen* jedes Mal in der einen oder anderen Form Berücksichtigung fanden. Über den intellektuellen Austausch wurden wir bald Freunde. Sie berichtete mir schon – zunächst noch ein streng gehütetes Geheimnis – weit im Vorfeld, dass sie in der Interimsintendanz unter Ulrich Khuon an einer Antikeninszenierung in Zürich beteiligt sei und an der Auswahl gerade dieser Tragödie nicht unwesentlichen Anteil gehabt habe. Ebenso hörte ich bereits in einem frühen Stadium von Kurt Steinmann, mit dem ich seit Jahren aufgrund mehrerer Zusammenarbeiten im engen und freundschaftlichen Austausch stehe, dass er eigens für die geplante Aufführung unter der Regie von Jossi Wieler an einer ganz neuen Übersetzung der *Trachinierinnen* sass.

Natürlich liess ich es mir nicht entgehen, die Premiere am 15. Dezember 2024 in Zürich zu besuchen. Die Aufführung hinterliess bei mir einen tiefen Eindruck. Die Wahl des Textes in der gelungenen Neuübertragung, die Spielweise und die Thematik trafen offenbar den Zeitgeist und setzten neue Massstäbe, was sich auch in zahlreichen positiven Besprechungen niederschlug. Sofort setzte ich mich an die Arbeit, eine längere Besprechung für *Visioni del tragico* zu verfassen, zu der mich die Herausgeberin Sotera Fornaro, die ebenfalls in Zürich anwesend war, ermunterte. Für eine Tagung zu aktuellen Trends in der Wiederaufführung der antiken Tragödie, die von ihr mitorganisiert wurde und in Neapel im Juni 2025 stattfand, wählte ich neben dem Hamburger Antikezyklus *Anthropolis*, der den Titel der Konferenz lieferte, als Antipoden Jossi Wielers Inszenierung zum Thema meines Diskussionsbeitrags. Sotera Fornaro danke ich für die intensiven Gespräche, manche Anregung und die konstruktive Kritik.

Da mir Kurt Steinmann schon bald berichtete, dass sich für die spätere Veröffentlichung des Spieltexts kein Verlag finde, kam mir kurz nach der Aufführung spontan die Idee, mich mit ihm zu einem Doppelgespann zusammenzutun und seine viel gelobte Übersetzung mit einem ausführlichen begleitenden Essay in einem gemeinsamen Band zu veröffentlichen. Neben einer eingehenden Analyse wollte ich darin vor allem zwei Themenkomplexe beantworten: Einerseits sollte es darum gehen, rezeptions- und geistesgeschichtlich die Faktoren herauszuarbeiten, weswegen die *Trachinierinnen* gerade im 19. und bis zum Ende des 20. Jahrhunderts sowohl in ästhetisch-literarischer als auch politischer Hinsicht kaum mehr verstanden wurden und aufgrund der fehlenden Resonanz auch auf der modernen Bühne fast in Vergessenheit gerieten. Andererseits war es mein Anliegen zu eruieren, warum das Stück uns heute plötzlich in vielerlei gesellschaftlich relevanten Fragen sowie in seiner körperzentrierten, emotional-performativen Theatralität anspricht. Aufgrund der verblüffenden Aktualität verdienen die *Trachinierinnen*, so ist unsere Überzeugung, von einer breiten Leserschaft neu entdeckt zu werden und auf die Spielpläne des

Theaters zu kommen. Nach Kontaktaufnahme mit Arlette Neumann-Hartmann, die ebenfalls von der Zürcher Aufführung beeindruckt war, fanden wir rasch in Schwabe einen Verlag, der sich von der Idee begeistern liess. Ich danke Arlette Neumann-Hartmann und Ruth Vachek für die professionelle Betreuung seitens des Schwabe-Verlags und Kurt Steinmann für die kollegiale und gute Zusammenarbeit.

Zuletzt verleihe ich unserer Hoffnung Ausdruck, der Band möge dazu beitragen, dass die *Trachinierinnen* in dieser Neuübersetzung und Aufbereitung viele neue Leserinnen und Leser sowie vor allem auch ihren Platz auf der deutschsprachigen Bühne finden.

Basel, im Februar 2026 Anton Bierl

# Sophokles: Die Trachinierinnen (Die Frauen von Trachis)

Übersetzung: Kurt Steinmann

Personen des Dramas:

| | |
|---|---|
| DEIANEIRA | Tochter des Oineus, Gattin des Herakles |
| AMME | |
| HYLLOS | Sohn des Herakles und der Deianeira |
| CHOR<br>der Frauen von Trachis | |
| BOTE | |
| LICHAS | Herold des Herakles |
| IOLE | Tochter des Königs Eurytos<br>(stumme Person) |
| EIN ALTER MANN | Diener des Herakles |
| HERAKLES | |

## Prolog (1–93)

*Szene: Die Handlung spielt vor dem Haus des Herakles in Trachis, wo Deianeira und ihre Familie im Exil leben.*

DEIANEIRA (*tritt aus dem Haus, begleitet von der Amme)*
Vor Zeiten schon kam bei den Menschen auf der Spruch,
dass man von keines Menschen Leben wissen kann, bevor
er starb, ob es gesegnet für ihn war, ob schlimm.
Ich aber weiss bestimmt, schon ehe ich zum Hades schreite,
dass meines misslich ist und schwer, die ich
noch in dem Hause meines Vaters Oineus,
in Pleuron wohnend, vor der Hochzeit Angst
empfand, die quälendste, wie sonst kein Weib Aitoliens.
Denn mein Bewerber war ein Flussgott, Acheloos, der
beim Vater um mich warb in dreierlei Gestalt:
Trat leibhaft auf als Stier, dann schillernd und sich ringelnd
als Schlange, weiter dann in eines Mannes Hülle,
jedoch mit eines Ochsen Haupt; aus dunklem Backenbart
entrannen Bäche wie aus einer Quelle Nass.
Gefasst auf einen solchen Freier, flehte
ich Arme allzeit um den Tod,
bevor ich solchem Ehebett jemals mich nahte.
Zwar später erst, doch mir willkommen,
kam Herakles, des Zeus und der Alkmene
berühmter Sohn, stiess mit dem Fluss im Kampf zusammen und
erlöste mich. Nun, wie der Streit verlief, ich kann's
nicht sagen, weiss es nicht – wer ohne Furcht
dem Schauspiel zusah, mag davon berichten.
Ich nämlich sass dabei, betäubt von Angst,
dass meine Schönheit mir dereinst noch Leid bereite.
Doch schuf ein gutes Ende Zeus, des Wettkampfs Herr –
wenn es denn gut war. Denn mit Herakles vereint
als auserkorne Frau, nähr ich nur Angst um Angst
und sorge mich um ihn; denn Nacht bringt mit sich Qual,

und Nacht verscheucht sie auch, für neue Qual empfänglich
ihrerseits.
Wir zeugten Kinder; doch er sah sie nur so oft,
als wie ein Bauer, der ein abgelegnes Ackerfeld bestellt,
es einmal nur beim Säen und beim Ernten zu Gesicht bekommt.
Ein solches Leben trieb den Mann beständig
mir *in* das Haus und *aus* dem Haus in fremden Dienst.
Nun aber, da er diese Kämpfe ausgestanden hat,
bin ich erst recht in allergrösster Angst.
Denn seit er Iphitos, den starken Mann, erschlug,
wohnen wir hier in Trachis als Vertriebene
bei einem Gastfreund; aber er, wohin
er ging, weiss niemand; eines nur weiss ich, dass er
mir bittren Schmerz um ihn zufügte, als er ging.
Ich bin fast sicher, dass ihm zugestossen ist ein Leid.
Denn nicht kurze Zeit, nein, schon zehn Monde
zu fünf weitern bleibt er aus ganz ohne Kunde.
Das ist ein schlimmes Unheil! Hinterliess er mir doch eine Tafel,
bevor er schied, des Inhalts, dass ich häufig zu den Göttern
fleh, dass ich sie nicht zu meiner Qual empfing.

AMME
O Herrin Deianeira! Oft schon sah ich
dich, ganz in Tränen, Wehgeschrei
erheben, jeweils bei des Herakles Auszug.
Doch jetzt, wenn's richtig ist, die Freigebornen zu belehren
mit einer Sklavin Einsicht, muss auch ich dir anempfehlen deine
Pflicht.
Wie bist du reich an Söhnen, doch entsendest
nicht *einen* auf die Suche nach dem Mann?
Und käm dies nicht zuallererst dem Hyllos zu, wenn er
denn Sorge um den Vater trägt, um dessen Wohlergehn?
Da stürmt er eben selbst mit flinkem Fuss dem Hause zu,
sodass du dich, wenn dir mein Rat zu taugen scheint,
des Manns bedienen kannst und meines Worts.

DEIANEIRA
Mein Kind, mein Sohn! Auch aus dem Mund von Leuten niedriger Geburt
fallen, scheint's, die Worte gut. Denn diese Frau,
zwar Sklavin, sprach da einer Freien Wort.

*(Hyllos tritt auf)*

HYLLOS
Welches? Lass es, Mutter, wissen mich, wenn ich es wissen darf.

DEIANEIRA
Dass, da der Vater schon so lange in der Ferne weilt,
und du nicht nachforschst, wo er sei, dir Schande bringt.

HYLLOS
Doch weiss ich es – wenn man Gerede trauen darf.

DEIANEIRA
Und wo auf Erden, hörst du, dass er siedle, Kind?

HYLLOS
In der vergangnen Ackerzeit hat er fortwährend, heisst's,
in Knechtes Dienst bei einem Lyderweib sich abgemüht.

DEIANEIRA
Auf alles dann bin ich, wenn er auch das ertrug, gefasst.

HYLLOS
Doch ist er wieder frei von dieser Fron, soweit ich hör.

DEIANEIRA
Wo aber, geht die Kunde, ist er jetzt, ob lebend oder tot?

HYLLOS
Das Land Euboia, sagen sie, die Stadt des Eurytos,
greift an er oder hab es erst noch vor.

DEIANEIRA
Weisst du denn auch, Kind, dass er Göttersprüche,
verlässliche, mir über dieses Land zurückgelassen hat?

HYLLOS
Und welche, Mutter? Denn die Sache ist mir unbekannt.

DEIANEIRA
Dass er entweder dort des Lebens Ende finde,
oder sich noch diesen Kampf auflade und dann künftig
des Lebens Rest von Glück erfüllt verbringe.
Wo seines Schicksals Waage auf der Kippe steht, mein Kind,
willst du nicht gehen, ihm zu helfen? Da wir ja gerettet sind,
[ ]
wenn er sein Leben rettet, oder mit ihm untergehn.

HYLLOS
So geh ich, Mutter! Hätte ich den Wortlaut dieser
Göttersprüche gekannt, wär ich schon längst bei ihm.
Doch liess das schon gewohnte Glück des Vaters mich
für ihn nicht fürchten, noch zu sehr in Sorge sein.
Jetzt, da ich Einsicht hab, will ich nichts unterlassen,
darüber volle Wahrheit zu ergründen.

DEIANEIRA
So geh, mein Sohn! Auch später zu erfahren,
dass gut es steht, trägt ein Gewinn.

*(Hyllos und die Amme ab. Deianeira bleibt auf der Bühne.
Der Chor der Frauen von Trachis zieht ein.)*

## Parodos (94–140)

CHOR
Den die funkelnde Nacht, wenn sie schwindet, Str. 1
gebiert und wieder in Schlaf wiegt, den flammenden,
Helios, Helios bitt ich,

dies zu verkünden von der Alkmene
Sohn: Wo er mir, wo er mir
denn wohnt – o der du glanzvoll leuchtend erstrahlst – :
sei es in Buchten des Meers oder sei es
auf dem Festland der zwei Kontinente.
Sage es du, der kraft seines Blicks ist der Stärkste!

Gegenstr. 1
Deianeira, die heissumworbene, seh ich,
mit sehnendem Herzen allzeit
einem verzagten Vogel gleich
niemals stillen
das Sehnen ihrer tränenlosen Augen, nein,
eingedenk der Fahrten des Mannes hegt Furcht sie,
reibt auf sich auf gramvollem, gatten-
losem Lager, ein schlimmes
erahnend, ein unglückseliges Schicksal.

Str. 2
Denn wie vielfach des unermüdlichen Süd-
oder Nordwinds Wogen
einer über das weite Meer
kann sehen, wie sie schwinden und nahen:
So wirbelt den in Theben Gebornen
umher und hebt ihn wieder empor
die zahlreiche Mühsal des Lebens, ähnlich dem Meer
vor Kreta. Doch einer der Götter hält
immer den Schuldlosen fern
von den Häusern des Hades.

Gegenstr. 2
Da du dich darüber beklagst, will ich
zwar respektvoll, doch dir widersprechend entgegnen.
Denn ich sage, nicht verkommen lassen
dic Hoffnung, dic gutc,
darfst du: Schmerzloses hat auch nicht
der alles beherrschende König verhängt
über die Sterblichen, Kronos' Sohn.

Nein, Leid und Freude
kreisen über uns allen
wie des Grossen Bären sich drehende Pfade.

So verbleibt nicht die funkelnde — Epode
Nacht den Sterblichen, auch nicht Unheil
und nicht der Reichtum, sondern im Nu
ist's damit aus und dem andern kommt zu,
sich zu freuen und wiederum freudlos zu darben.
So musst auch du, die Herrin, sag ich,
dies hoffnungsfroh immer dir halten vor Augen. Denn wer hat
Zeus je unbekümmert gesehn um die eigenen Kinder?

## 1. Epeisodion (141–496)

### Teil a 1. Epeisodion (141–204)

DEIANEIRA
Da du vermutlich Kunde hast von meinem Leid,
bist du gekommen. Doch wie sehr ich mir das Herz zermartre,
das magst du nie am eignen Leib erfahren! Jetzt weisst du noch nichts davon.
Denn das, was jung ist, weidet noch
auf seinen eignen Fluren, und nicht die Glut
des Sonnengottes und nicht Regen und kein Wind
setzt ihm zu, o nein, in Freuden hält es hoch ein müheloses Leben,
solang bis eine, anstatt ‹Jungfrau›, ‹Frau›
genannt ist und zur Nacht an Sorgen ihren Teil empfängt,
sei's, dass sie um den Gatten bangt, sei's um die Kinder.
Dann könnt wohl eine, wenn sie prüft ihr eignes Los,
erkennen, welche Übel auf mir lasten.
Nun hab ich, wie du weisst, zwar über viele Leiden schon geweint,
doch eins, wie keines je zuvor, erzähl ich gleich.
Denn als zu seiner letzten Fahrt der Herr

aufbrach vom Hause, Herakles, da liess
er eine alte Tafel hier bei mir, beschrieben
mit Zeichen, wie er früher sie mir nie,
wenn er in viele Kämpfe zog, zu zeigen über sich gewann.
Nein, etwas Grosses zu vollbringen, brach er jeweils auf, nicht rechnend mit dem Tod.
Jetzt aber, so als wär er schon nicht mehr,
verfügte er, was ich als Witwengut erhalten sollte und bestimmte, welchen Teil
vom väterlichen Land er übertrage seinen Kindern.
Als Zeit hat er zum Voraus festgesetzt, dass er,
wenn er drei Monde und ein Jahr, nachdem er ging, dem Land fernbliebe,
entweder sterben müsse dann zu jener Zeit,
oder, wenn er überschritte diese zielgesetzte Zeit,
er künftig nun ein Dasein fristen werde ohne Leid.
Dies, erklärte er, sei von den Göttern so verhängt,
als Ende für des Herakles Strapazen,
wie es die alte Eiche zu Dodona einst
verkündet durch die beiden Tauben, sagte er.
Nun ist genau die Zeit, da dieses Götterworts
Erfüllung unfehlbar eintreten wird, und so entscheiden muss es sich
Darum fahr ich aus süssem Schlummer hoch
voll Furcht, ihr Lieben, zitternd, ob ich nun muss bleiben
beraubt des unter allen besten Manns.

CHOR
Still jetzt! Kein unheilvolles Wort mehr! Denn ich sehe einen Mann,
bekränzt, dort kommen, so, als bring er frohe Kunde.

BOTE
Herrin Deianeira! Als der erste Bote will
ich dich von Furcht erlösen: Denn Alkmenes Sohn,

wisse, lebt, ist Sieger, und vom Kampf
bringt er die Erstlingsgaben für des Landes Götter.

DEIANEIRA
Was für ein Wort hast, Alter, du mir da gesagt?

BOTE
Dass bald dir, vielbeneidet, in dein Haus
dein Gatte kommt, im Glanz erscheinend sieggekrönter Macht.

DEIANEIRA
Von welchem Bürger oder Fremden hast du das gehört?

BOTE
Vor vielem Volk rief's auf der Ochsen Sommerweide aus
Lichas, der Herold. Ich, da ich's von ihm hörte,
lief fort, damit ich dir's als erster melde und
mir Belohnung hole und dazu mir Dank erwerbe.

DEIANEIRA
Und warum bleibt er selbst fern, wenn er Gutes bringt?

BOTE
Er hat's nicht leicht, vom Fleck zu kommen, Frau.
Denn im Kreise ihn umlagernd fragt der Malier
ganzes Volk ihn aus und hindert ihn, sich aufzumachen.
Denn jeder wünscht in seiner Neugier alles zu erfahren
und lässt nicht nach, bevor er seine Hörlust nicht gestillt.
So ist er, widerwillig, dort mit Willigen zusammen;
doch wirst du demnächst ihn mit eignen Augen sehn.

DEIANEIRA
O Zeus, der du des Oita ungemähte Trift besitzt,
nun hast du, wenngleich spät, uns Freude doch geschenkt!
Lasst ertönen, Fraun, die Stimmen: dort im Hause drin
wie draussen vor dem Hofe, da wir dieser Kunde
Lichtblick, der mir unverhofft aufging, nunmehr geniessen!

### Choreinlage: Hyporchema (205–224)

CHOR
Aufjuble das Haus
mit Jauchzen am Herd,
bereit, zu erneuern die Ehe. Und der gemeinsame
Gesang der Männer preise dazu den Meister des Köchers
Apollon, meinen Beschützer.
Und zugleich das Preislied, das Preislied
stimmt, ihr Jungfrauen, an!
Ruft die mit ihm zusammen Gezeugte:
Artemis Ortygia, die Hirschjägerin, von Fackeln umloht,
und die benachbarten Nymphen.
Ich schwebe empor und verstosse nicht
die Flöte, o meines Herzens Gebieter!
Da sieh! Stürmisch bewegt mich –
euoi! –
der Efeu, der mich herumwirbelt jetzt
zu bakchisch verzücktem Tanz.
*(Ekstatischer Tanz. Lichas nähert sich mit einem Zug*
*von Kriegern und gefangenen Frauen, unter ihnen Iole.*
*Der Bote bleibt auf der Bühne.)*
Io! Io! Paian!
Da siehe, sieh, o liebe Frau!
Dies darfst du also deutlich
direkt vor deinen Augen sehn.

### Teil b 1. Epeisodion (225–496)

DEIANEIRA
Ich seh es, liebe Fraun, und meines Auges Wachsamkeit
entging der Zug nicht, dass ich ihn nicht wahrgenommen.
Voll Freude heiss den Herold ich willkommen, kommt er auch
erst spät – wenn denn erfreulich ist, was du mir bringst.

LICHAS
Nun, gut ist unser Kommen, gut begrüsst man uns,
entsprechend dem Vollzug der Tat, o Frau. Denn es gebührt dem Mann,
der trefflich handelt, dass man's ihm mit holden Worten lohnt.

DEIANEIRA
O liebster Mann! Sag mir zuerst, was ich zuerst
erfahren will: Werd ich als Lebenden Herakles empfangen?

LICHAS
Ich jedenfalls verliess ihn voller Kraft und lebend,
in Blüte auch, von Krankheit unbeschwert.

DEIANEIRA
Und wo? War es im Land der Väter oder einem fremden, sprich!

LICHAS
Es ist ein Vorgebirge von Euboia: Dort stiftet er
Altäre und der Früchte Zehnten für des Landes Zeus.

DEIANEIRA
Auf ein Gelübde hin oder einen Seherspruch?

LICHAS
Erfüllend ein Gelübde, als er mit dem Speer erstürmen wollte
das Land hier dieser Frauen, die du vor dir siehst.

DEIANEIRA
Doch diese – bei den Göttern – wem gehören sie? Wer sind sie?
Beklagenswert, wenn mich ihr schweres Los nicht irreführt.

LICHAS
Die erkor, als er die Stadt des Eurytos zerstörte,
er für sich selbst und für der Götter Dienst als auserlesenen Besitz.

DEIANEIRA
So lag er denn vor dieser Stadt die unabsehbar
lange und nach Tagen unzählbare Zeit?

LICHAS
Nicht doch! Vielmehr wurde er die meiste Zeit im Land
der Lyder festgehalten, wie er selbst sagt – nicht als freier Mann,
sondern verkauft. Doch darf man dieses Wort
nicht übel nehmen, Frau, denn Zeus hat's so verhängt.
Doch er, verkauft an die Barbarin Omphale,
verbrachte, wie er selbst sagt, dort ein volles Jahr.
Und so sehr biss die Schmach ihn, die ihn traf,
dass er durch einen Eid sich band und schwur,
er werde den, der dieses Leiden über ihn
gebracht, mit Kind und Weib dereinst versklaven.
Und was er sagte, setzt' er um. Denn kaum war er entsühnt,
zieht er mit einem Söldnerheer zu Felde gegen
die Stadt des Eurytos. Denn dieser war, so sagte er,
mitschuldig einzig von den Sterblichen an diesem Leid:
Der schmähte ihn, als einst zum Herd in seinen Häusern
als alter Gastfreund er gekommen war, vielfach
mit Worten, vielfach auch boshaften Sinns
sprach er: Da hab er zwar die Pfeile in den Händen,
die unfehlbaren, doch mit seinen Söhnen halte er im Bogenkampf nicht Schritt,
[und rief, als Knecht lass er von einem freien Manne sich
misshandeln;] und den vom Wein beim Mahl Berauschten
warf er hinaus. Ob diesen Kränkungen ergrimmte Herakles,
und als das nächste Mal der Sohn des Eurytos, Iphitos, auf die Höhen
von Tiryns kam, versprengten Pferden nachzuspüren,
da stiess er ihn, des Blicke hier, des Denken anderswo
verweilten, vom turmhohen Fels hinab.
Ob dieser Tat ergrimmte wider ihn der Herr,

der Vater aller, Zeus, der Herrscher im Olymp,
und schickte zum Verkauf ihn fort und litt es nicht,
dass er, und sei's auch einzig diesen von den Menschen,
mit Tücke tötete. Denn hätt er offen sich gerächt,
Zeus hätte ihm gewiss verziehen, war berechtigt doch sein Kampf.
Denn auch den Göttern ist Vermessenheit zuwider.
Doch sie, die da mit böser Zunge masslos prahlten,
sind selbst nun alle Siedler in der Totenwelt,
die Stadt versklavt. Und diese Frauen, die du vor dir siehst,
aus Glückes Bahn geworfen in ein bittres Los,
sind auf dem Weg zu dir. Denn dies hat dein Gemahl
verfügt, und ich, ihm treu, vollziehe es.
Er selbst jedoch, sobald die heilgen Opfer
Zeus, dem Beschützer, er hat dargebracht für die Eroberung,
wird kommen, sei gewiss! Denn dies ist von der Rede,
der langen, schön gesprochnen, am erfreulichsten zu hören.

CHORFÜHRERIN
O Herrin, jetzt erfüllt dich sichtlich Freude,
sei's ob dem Anblick, sei's ob dem, was du erfuhrst.

DEIANEIRA
Wie sollt ich nicht mit vollberechtigtem Gefühl frohlocken,
da ich von meines Gatten glücklichem Gelingen höre?
Notwendig muss mein froher Mut nach seiner Tat sich richten.
Doch wohnt in dem, der's recht bedenkt, die Furcht,
dass, wer vom Glück begünstigt ist, dereinst auch wieder falle.
Denn mich beschlich ein schrecklich Mitleid, Freundinnen,
beim Anblick dieser Unglücksfrauen, die
fremdes Land durchirren heimatlos und vaterlos,
die früher einst vielleicht die Töchter freier Männer waren,
und jetzt ein Sklavenleben fristen.
Zeus, Gott des Sieges, mög ich niemals dich
so vorgehn sehen gegen mein Geschlecht,
und wenn du's tust, dann nicht, solang ich noch am Leben bin!

So sehr erfüllt der Anblick dieser Frauen mich mit Furcht.
*(sie wendet sich an Iole)*
Unglückliche! Wer bist du unter diesen jungen Frauen?
Noch ohne Mann? Oder schon Mutter? Deinem Aussehn nach
bist du in alldem unerfahren, doch von edlem Stamm.
*(Iole wendet sich ab und schweigt)*
Lichas! Welchem Sterblichen entstammt die Fremde denn?
Wer ist die Mutter? Wer ihr Vater, der sie zeugte?
Sag's freiheraus! Sie jammert unter diesen mich am meisten,
wenn ich sie sehe, umso mehr, als sie allein ihr Schicksal zu ermessen weiss.

LICHAS
Was weiss denn ich? Was fragst du mich so aus? Womöglich
ein Spross aus dem nicht niedrigsten Geschlecht von dort.

DEIANEIRA
Gar aus der Herrscher Haus? War sie vielleicht ein Kind des Eurytos?

LICHAS
Ich weiss es nicht, hab auch nicht lange nachgeforscht.

DEIANEIRA
Und auch den Namen hast du nicht von einer der mit euch Mitziehenden erfahren?

LICHAS
Nein, nein! Ich habe schweigend meinen Auftrag ausgeführt.

DEIANEIRA *(wieder an Iole gewandt)*
So sag es denn uns selbst, du Arme! Es ist
doch wirklich widrig, nicht zu wissen, wer du bist.

*(Iole schweigt)*

LICHAS
Nicht anders als zuvor wird sie gewiss auch jetzt

kein Wort verlauten lassen, sie, die nichts
uns zu Gehör gebracht, nicht was bedeutsam, nicht was unerheblich ist.
Nein, immer schmerzhaft leidend an der Schwere ihres Unheils,
vergiesst die Arme Tränenströme, seit sie ihre Vaterstadt
verliess, die winddurchwehte. Dieses Ungemach
ist arg, gewiss, doch trifft's auf unsre Nachsicht.

DEIANEIRA
Nun gut, so lasse man sie und sie geh ins Haus hinein,
so wie es ihr am liebsten ist, und sie empfange nicht
zu ihren eignen Nöten neues Leid von mir hinzu.
Es ist genug an diesem. Lasst uns alle jetzt
ins Haus hineingehn, dass du *(zu Lichas)* eilen kannst,
wohin du willst, und ich die Dinge drinnen gründlich ordne.

*(Lichas und die Gefangenen ab ins Haus. Deianeira schreitet auf die Palasttür zu, aber der Bote tritt ihr in den Weg)*

BOTE
So warte hier zuvor noch kurz, dass du erfährst,
– ohne die Frauen da – wen du hineinführst in dein Haus,
und wovon du nichts gehört, vernimmst, was zwingend ist.
Von alldem nämlich hab ich ganz genaue Kunde.

DEIANEIRA
Was ist? Warum nur schneidest du mir ab den Weg?

BOTE
Bleib stehn und höre! Denn auch vorhin hörtest du
kein hohles Wort von mir, und so, denk ich, auch jetzt.

DEIANEIRA
Und rufen wir nun also jene wiederum hierher
zurück, oder willst du's mir und diesen Frauen anvertrauen?

BOTE
Vor dir und diesen hindert nichts; die andern lass!

DEIANEIRA
Sie sind gegangen. Tu denn deine Worte kund!

BOTE
Der Mann da *(er meint Lichas im Haus)* hat mit keinem Wort, das er grad sagte,
ehrlich und wahr gesprochen, nein, entweder lügt er jetzt,
oder trat zuvor als ein verlogner Bote auf.

DEIANEIRA
Was sprichst du? Sag mir alles deutlich, was du meinst.
Denn ich verstehe nicht, wovon du sprachst.

BOTE
Aus dieses Mannes Mund hab ich gehört
im Beisein vieler Zeugen, dass Herakles allein
um dieses Mädchens willen Eurytos und seine Stadt bezwang,
das hochgetürmte Oichalia, und es hab Eros allein
von allen Göttern ihn zu diesem Lanzenkampf verführt,
nicht Lydien und auch nicht die mühevolle Fron
unter Omphale und nicht der Todessturz des Iphitos!
Den Eros blendet er jetzt aus und sagt das Gegenteil.
Als er den Vater nicht dafür gewinnen konnte,
die Tochter ihm zu geben zu geheimem Liebesbund,
ersann er einen Klagepunkt, der nicht der Rede wert, und einen Grund,
und überfällt die Vaterstadt [des Mädchens, wo, wie Lichas sagte,
der Eurytos als Herr den Thron besass,
tötet den Herrscher, ihren Vater,] und zerstört
die Stadt und kommt nun, wie du siehst, und sendet sie
in dieses Haus – nicht ohne Vorsatz, Frau,
und nicht als Sklavin, das erwarte nicht!
Das wär nicht glaubhaft, wo ihn Liebeslust doch so durchglüht!

Mir schien nun richtig, dir das Ganze zu enthüllen,
Gebieterin, was ich von diesem hab vernommen.
Und dieses haben viele mitten auf dem Markt
von Trachis ebenso wie ich mitangehört,
um ihn zu überführen. – Aber sage ich, was dir missfällt,
tut es mir leid, was aber wahr ist, sprach ich gleichwohl aus.

DEIANEIRA
Weh mir, ich Ärmste! In welcher Misslichkeit steck ich nun drin?
Was für ein Unheil hab ich aufgenommen in mein Haus,
und merkte nichts! Ich Arme! – Ist sie namenlos,
wie, der sie brachte, mir beteuert hat?
Ganz unvergleichlich strahlte sie von Antlitz und Gestalt.

BOTE
Als Tochter einst des Eurytos hiess sie
Iole – von deren Abkunft jener freilich
kein Wort verlauten liess: Er hatte ja nicht nachgeforscht!

CHORFÜHRERIN
Verrotten sollen – nicht *alle* Schlechten,
doch wer da im Geheimen Arges treibt, das sich für ihn nicht ziemt.

DEIANEIRA
Was ist zu tun, ihr Fraun? Durch diese Worte,
die hier im Raume stehen, bin ich schwer erschüttert!

CHORFÜHRERIN
Geh hin, befrag den Mann, da er ganz schnell
klar reden wird, wenn unter Druck du ihn verhören willst.

DEIANEIRA
So will ich gehn. Denn nicht verkehrt ist, was du sagst.

BOTE
Und ich – soll ich noch warten? Oder was nun tun?

*(Lichas verlässt eilig das Haus)*

DEIANEIRA
Bleib! Denn ohne dass ich ihn hab herbestellt,
tritt ungerufen dort der Mann schon aus dem Haus.

LICHAS
Was soll ich, Frau, bin ich zu Herakles gelangt, ihm sagen?
So klär mich auf, denn schon bin ich daran zu gehen, wie du siehst.

DEIANEIRA
Wie stürzt du hastig fort, der du gemächlich kamst,
noch ehe wir erneuert haben das Gespräch!

LICHAS
Nun, wenn von mir du etwas wissen willst, ich bin bereit.

DEIANEIRA
Willst du mir ehrlich auch die volle Wahrheit sagen?

LICHAS
Es bezeuge dies der grosse Zeus! Ja, wenigstens soweit
ich's sicher weiss.

DEIANEIRA
Wer ist denn nun die Frau, die du hierher gebracht?

LICHAS
Euboierin. Von wem sie aber stammt, kann ich nicht sagen.

BOTE
Du da, schau mich an! Zu wem meinst du zu reden?

LICHAS
Und du, wozu stellst du mir diese Frage?

BOTE
Ring dich, wenn du klug bist, durch zu sagen, was ich frage!

LICHAS
Zur Fürstin Deianeira, Oineus' Tochter,

des Herakles Gemahlin, falls ich nicht gerade
Trugbilder sehe – die auch meine Herrin ist.

BOTE
Dies eben wollt ich, dieses von dir hören!
Du sagst, dass diese deine Herrin ist?

LICHAS
Und zwar mit Recht.

BOTE
Nun ja! Und welche Strafe, glaubst du, steht mit Recht dir zu,
wenn sich herausstellt, dass du unrechtmässig an ihr handelst?

LICHAS
Wie, ‹unrechtmässig?› Zu was für Finten greifst du da?

BOTE
Zu keinen: dir indes steht ganz der Sinn danach.

LICHAS
Ich gehe! Längst war ich ein Tor, dich anzuhören.

BOTE
Nicht, eh du kurz mir Auskunft gibst auf eine Frage.

LICHAS
Sprich, wenn's dich drängt! Wortkarg bist du wirklich nicht.

BOTE
Die Kriegsgefangne, die du hier ins Haus
geleitet hast: du weisst doch zweifellos …

LICHAS
Gewiss! Was fragst du noch?

BOTE
Hast du von dieser nicht – auf die du blickst, als kenntest du
sie nicht – behauptet, sie sei Iole, Spross des Eurytos?

LICHAS
Vor welchen Leuten denn? Wer wird von woher kommen,
der dir bezeugt, er habe dies von mir gehört?

BOTE
Vor vielen Bürgern, mitten auf dem Markt von Trachis
hat es viel Volk von dir vernommen.

LICHAS
Nun ja!
*Gehört* hätt ich's, so sagte ich. Doch nicht dasselbe ist es, eine
Vermutung auszusprechen oder es genau zu nehmen mit dem Wort.

BOTE
Wieso ‹Vermutung›? Sagtest du nicht eidlich aus,
als Gattin brächtest du sie her dem Herakles?

LICHAS
Ich – als Gattin? Sage, bei den Göttern, liebe Herrin,
wer dieser Fremdling hier denn ist!

BOTE
Einer, der mit dabei war und von dir gehört hat, dass
Begier nach dieser Frau die ganze Stadt bezwang und nicht die Lydierin
sie ausgelöscht hat, nein, die jähe Liebe zu dem
Mädchen war's.

LICHAS
Der Mensch da, Herrin, scher sich fort! Denn schwätzen
mit einem Kranken ziemt dem Mann nicht, der bei Sinnen ist.

DEIANEIRA
Bei Zeus, der hoch von Oitas Waldgebirge
herniederblitzt – verhehl mir nicht das wahre Wort!
Denn nicht an eine niedre Frau wirst du die Worte richten,

nicht an eine, die nicht wüsste, dass der Menschen Sinn nicht so
geartet ist, sich immerfort am selben zu erfreuen.
Wer gegen Eros nun gar aufbegehrt,
so wie ein Boxer, der zum Angriff übergeht, der ist nicht bei Verstand.
Denn dieser herrscht auch über Götter, wie er will,
und mich gewiss! Wie nicht auch über eine andere, die ist wie ich?
Drum, wenn ich meinen Mann, den diese Krankheit
gepackt hat, tadeln wollte, müsst ich ganz von Sinnen sein,
oder diese junge Frau, die nicht mitschuldig ist
an irgendetwas Schändlichem, gar mich Verletzendem.
So ist das nicht. Doch wenn du lügst, von jenem unterwiesen,
dann war die Unterweisung schlecht, die du befolgst.
Hast du dich aber selber so erzogen, wird als schlecht
man dich befinden, wo doch ehrenhaft zu sein dein Anspruch war.
Nein, sag die volle Wahrheit! Denn dem freien Mann
haftet der Ruf des Lügners wie ein widerlicher Schandfleck an.
Dass ungeschoren du davonkommst – auch daraus wird nichts:
Denn viele hörten dich und werden es mir sagen.
Und hast du Furcht, so zagst du ohne Anlass, denn
das Nicht-Erfahren, das nur könnt mich schmerzen,
das Wissen aber – was daran ist schrecklich? Hat denn Herakles,
der eine Mann, nicht schon sehr viele andere zur Frau genommen?
Und noch keine unter ihnen hat ein böses Wort von mir
davongetragen oder Schimpf, und sie auch soll es nicht,
und schmölze ganz in Liebe sie dahin, tat sie mir doch,
gleich als ich sie erblickte, ganz besonders leid,
weil ihre Schönheit ihr das Leben hat zerstört,
und sie das Land der Väter absichtslos,
die Ärmste, hat vernichtet und versklavt. Doch dies, es fahr dahin

in Windes Wehn! Dir aber sag ich: Sei du falsch
zu andern, doch zu mir sei allzeit ehrlich!

CHORFÜHRERIN

Lass leiten dich durch sie, die edel spricht, so wirst auch später
du diese Frau nicht tadeln und noch Dank bei mir erwerben.

LICHAS

Nun gut, o liebe Herrin, da ich klar erkenne,
wie du als Sterbliche das Sterbliche bedenkst und nicht Verstiegenes,
so will ich dir die volle Wahrheit sagen und sie nicht verhehlen.
Ja, so ist's, wie dieser Mann erzählt.
Nach ihr hat ungeheure Sehnsucht einst den Herakles
durchbohrt, und ihretwegen wurde Oichalia,
die verheerte Vaterstadt, erobert mit dem Speer.
Und dies – denn auch was für ihn spricht, gilt es zu sagen –
befahl er niemals zu verbergen, stritt's auch niemals ab,
nein, selber, Herrin, fürchtend, dass ich dir
Schmerz bereiten möchte in der Brust mit diesen Reden,
hab ich versagt – wenn dir denn mein Verhalten ein Versagen scheint.
Doch da du von der ganzen Sache nunmehr Kenntnis hast,
so sei, um seinet- – und zugleich um deinetwillen –
nett zu der Frau und sei gewillt, dass du die Worte, die
du über sie gesprochen hast, lässt unabänderlich bestehn!
Denn er, in allem andern Bester mit den Fäusten,
erlag der Lust zu diesem Mädchen – ganz und gar.

DEIANEIRA

Genau das hab auch ich im Sinn und werd entsprechend handeln.
Ich will gewiss nicht auf mich laden eine selbstgewählte Not,
vergeblich kämpfend gegen Götter. Doch gehen wir hinein
ins Haus, damit Aufträge du in Worten überbringst,

und da mit Gegengaben Gaben man vergelten muss,
du auch solche mit dir nimmst. Denn nicht mit leeren Händen darfst
du ziehn, da mit so grosser Schar du hergekommen bist.

*(Deianeira und Lichas gehen ins Haus, der Bote entfernt sich)*

## 1. Stasimon (497–530)

CHOR

Gross ist die Kraft des Sieges, den Kypris — Str.
allzeit davonträgt!
Die Affären aber der Götter
übergeh ich, und wie sie den Kronos-Sohn täuschte,
sage ich nicht, noch den nächtlichen Hades
oder Poseidon, den Erderschüttrer.
Aber als es um sie, Deianeira, ging als Gemahlin,
welche Rivalen stiegen herunter zum Kampf um die Hochzeit?
Welche traten heraus zu dem schlägeumschallten,
staubumwölkten, die Kräfte auszehrenden Wettstreit?

Ein mächtiger Strom war der eine, — Gegenstr.
hochgehörnt, vierfüssig,
tiergestaltig:
Acheloos von Oiniadai her, vom bakchischen
Theben aber kam der andere, den elastischen
Bogen und Lanzen und die Keule schwingend:
Herakles, Sohn des Zeus; die betraten den Ring, Deianeiras Lager begehrend.
Und allein des Liebesglücks Stifterin in ihrer Mitte, Kypris,
richtete über den Kampf und stand dabei.

Da war von Fäusten, war von Pfeilen — Epode
ein Klatschen, und darin vermischt
von Hörnern des Stiers.
Da waren fest verknotende Ringergriffe,

waren brutale Stösse der Stirnen
und beider Gestöhn.
Und sie, schönäugig, reizend,
sass dabei auf weithin leuchtendem Hügel,
harrend ihres künftigen Gatten.
Sprechen will ich so, als hätte ich's gesehen:
Es wartet das umworbene Auge
der Braut – zum Erbarmen – darauf, wie es ausging.
Und von der Mutter ist sie rasch geschieden
wie ein verlassenes Kälblein.

## 2. Epeisodion (531–632)

DEIANEIRA *(tritt aus dem Haus mit einer Dienerin, die ein Kästchen trägt)*
Während, ihr Lieben, in dem Haus der Gast zum Abschied
mit den gefangenen Mädchen spricht, bin ich
heimlich vor die Tür hinaus zu euch gekommen,
teils um zu sagen, was ich hergerichtet habe mit den Händen,
teils um mein Leid mit euch zusammen zu beklagen.
Die Jungfrau nämlich – doch glaube ich, nicht Jungfrau mehr,
sondern bereits sein Weib –, die nahm ich auf, wie seine Fracht der Schiffer,
entwürdigender Lohn für meinen guten Willen.
Zu zweien warten wir nun unter einer Decke
auf die Umarmung. Dies nun also ist der Lohn,
den Herakles, der Treue, Edle, wie er bei uns hiess,
uns als Entgelt gesendet für den langen Dienst in seinem Haus.
Doch ich vermag zwar nicht, ihm bös zu sein,
den diese Krankheit oft schon hat befallen.
Freilich, mit der im gleichen Haus zusammenwohnen, welche Frau
vermöchte das, die gleiche Ehe mit ihr teilend?
Denn ihre Jugend seh ich sich entfalten,

die meine aber schwinden. Die Blüte jener
pflückt gern das Auge, von den andern wendet es sich ab.
Dies also fürchte ich: dass Herakles
*mein Gatte* zwar wird heissen, doch der Jüngeren *Mann*.
Doch wie ich sagte, zürnen ist nicht schön
für eine Frau, die Klarsicht hat. Worin ich aber
erlösende Erleichterung gefunden habe, will ich euch berichten.
Zu mir kam einst von einem Untier aus der Urzeit, dem Kentauren,
ein Geschenk, das ich geborgen hab in einem Krug aus Erz; als junge Frau
hab ich es von dem Mordblut des Kentauren Nessos,
des Brust war dicht behaart, bei seinem Tod an mich genommen.
Der setzte übers tiefe Wasser des Euenos-Stroms
die Menschen gegen Lohn mit seiner Arme Kraft,
nicht mit der Ruder Hilfe, nicht unterm Segel eines Kahns.
Er trug auch mich, als ich, entsandt vom Vater, Herakles
das erste Mal als Jungvermählte folgte,
auf seinen Schultern. Als er in der Mitte war der Furt,
berührt er mich mit lüstern-dreisten Händen.
Ich aber schrie. Gleich wandte sich der Sohn des Zeus und schoss
aus seinen Händen den beschwingten Pfeil. Der schwirrte durch die Brust
ihm in die Lungen. Sterbend sprach das Untier da
noch so viel: «Kind des greisen Oineus! Grossen Nutzen
wirst du von meinem Fährdienst haben, wenn du auf mich hörst,
da ich als letzte dich geleitet hab.
Nimm du das rings um meine Todeswunde
erstarrte Blut mit deinen Händen fort, dort wo's Gezücht
von Lernas Wasserschlange seine Pfeile einst mit schwarzer Galle färbte.
So wird dir dies ein Zaubermittel sein fürs Herz des Herakles,
sodass er niemals eine andre Frau
ansehen wird und lieben mehr als dich.»

Das schoss mir durch den Kopf, ihr Lieben, – denn im Haus
lag's wohlverschlossen seit des Nessos Tod –
und also hab ich diesen Rock getränkt und tat hinzu von allem,
was er noch lebend mir gesagt. Und dies ist nun vollbracht.
Auf schlimme Wagestücke aber möchte ich mich nicht verstehn
noch je sie lernen, und die Fraun, die solches wagen, hasse ich.
Doch wenn ich irgendwie durch Liebesbann
und Zauberei an Herakles ausstechen könnte dieses Mädchen:
Ins Werk gesetzt ist dann die Tat – wofern mein Handeln
nicht etwa töricht scheint; sonst lass ich unverzüglich davon ab.

CHORFÜHRERIN
Nun, wenn man deinem Tun Vertrauen schenken darf,
so scheint dein Plan in unsrer Sicht nicht schlecht.

DEIANEIRA
Mit dem Vertrauen steht es so: Mir scheint es zwar
gegeben, doch erprobt hab ich's noch nicht.

CHORFÜHRERIN
Indessen, wissen musst du, wenn du handelst! Denn Erkenntnis,
sie hast du nicht, auch wenn du's glaubst, solang die Probe fehlt.

DEIANEIRA
Bald werden wir es wissen. Denn da seh ich diesen
schon aus der Türe treten; eilig bricht er auf.
Um dies nur bitt ich: Schützt mich! Schweigt! Im Dunkeln wird man,
selbst wenn man Schändliches verübt, doch nie in Schande fallen.

*(Lichas ist aus dem Haus gekommen)*

LICHAS
Was soll ich tun? Erklär es, Kind des Oineus!
Denn im Verzug sind wir schon lange Zeit.

DEIANEIRA
Gerade damit hab ich, Lichas, mich für dich befasst,
indes du drinnen mit den fremden Frauen sprachst:
*(Deianeira übergibt den Kasten)*
dass du mir dieses langgewobene Gewand
dem Mann als Gabe bringst von meiner Hand.
Und gibst du's ihm, so sag, es soll kein Sterblicher
vor ihm den Leib damit umhüllen, und
kein Strahl der Sonne es erblicken,
kein heiliger Bezirk noch auch des Feuers Glanz am Herd,
bevor vor aller Augen, öffentlich darin
er auftritt und es so den Göttern zeigt am Tag des Stierenopfers.
Denn so hab ich gelobt: Säh ich ihn, Herakles, dereinst
wohlauf nach Hause kommen, oder hörte es: ganz nach Gebühr
wollte ich mit diesem Rock ihn schmücken und den Göttern
ihn als Opferer vorstellen neu im neuen Tuch.
Und dafür wirst du ihm ein Zeichen überbringen, das er leicht
verständlich hier auf dieses Siegel aufgeprägt erkennen wird.
*(Sie deutet auf das auf dem Kasten angebrachte Siegel)*
Nun geh und achte erstens auf die Regel, dass der Bote nicht
begehr zu tun, was seines Amtes Pflichten sprengt,
dann sorge, dass sein Dank, vereint mit meinem,
sich dir als doppelter erweist.

LICHAS
Doch üb ich zuverlässig aus des Hermes Botenamt,
so werde ich in deinem Fall gewiss nicht scheitern,
ihm dies Gefäss, so wie es ist, zu bringen und es vorzuzeigen,
und die Beglaubigung der Worte, so wie du sie sprachst, hinzu-
zufügen.

DEIANEIRA
So gehe denn. Du weisst ja nun auch gut Bescheid,
wie hier bei uns im Haus die Dinge stehn.

LICHAS
Ich weiss und werde sagen: Alles ist wohlauf.

DEIANEIRA
Doch weisst du auch – du sahst es – wie die Fremde
aufgenommen wurde und ich selber freundlich sie empfing.

LICHAS
Sodass mein Herz ganz fassungslos vor Freude war.

DEIANEIRA
Was könntest du denn sonst noch sagen …? Aber nein, ich fürchte,
du möchtest allzu früh von meiner Sehnsucht sprechen,
bevor du weisst, ob man auch dort sich nach uns sehnt.

*(Lichas bricht auf, Deianeira geht ins Haus)*

## 2. Stasimon (633–662)

CHOR
Str. 1 O die ihr bei den Ankerplätzen, heissen Felsenquellen
und den Höhen
des Oitagebirges wohnt, und ihr entlang
dem Malischen Golf
und dem Strand der Jungfrau mit dem goldenen Pfeil,
wo der Hellenen Rat ruhmreich tagt bei den ‹Pforten›:

Gegenstr. 1 Die schöntönende Flöte wird bald zu euch
wiederkehren, nicht widrigen Klang anstimmend, nein
leiergleich den der göttlichen Muse.
Denn des Zeus und der Alkmene Sohn
eilt, bestückt mit der Beute aus höchster Bewährung, nach Hause.

Str. 2 Auf ihn, der weg von der Stadt war gegangen,
mussten wir warten die Zeit von zwei und zehn
Monden, während er fuhr auf dem Meer, nichts von ihm

wissend, indes sie, seine Gattin, tief unglücklich
in ihrem verzweifelten Herzen,
tränenreich sich allzeit verzehrte.
Doch jetzt hat Ares, angestachelt zu rasendem Kampf,
Erlösung gebracht von den leidvollen Tagen.

Er komme, er komme! Nicht stocke (Gegen-str. 2)
das ruderreiche Gefährt des Schiffs ihm,
bevor diese Stadt er erreicht,
den Opferherd auf der Insel verlassend,
wo man als Opfrer ihn rühmt.
Von dorther komme er, †ganz von Sehnsucht erfüllt,
von der Liebe Zaubermittel
durchglüht nach des Kentauren Geheiss†.

## 3. Epeisodion (663–820)

DEIANEIRA *(aufgewühlt aus dem Haus)*
Ihr Fraun! Wie fürchte ich, dass ich zu weit
gegangen bin bei allem, was ich eben tat!

CHORFÜHRERIN
Was ist los, Deianeira, Oineus' Kind?

DEIANEIRA
Ich weiss es nicht. Doch mutlos bin ich beim Gedanken, dass
bald zutage tritt: Ganz schlimm war, was ich tat aus schöner Hoffnung.

CHORFÜHRERIN
Du meinst doch deine Gaben nicht für Herakles?

DEIANEIRA
Doch, eben die! So dass ich keinem je empfehlen möchte,
mit Eifer eine Sache zu betreiben, die noch unerprobt.

CHORFÜHRERIN
So erkläre, wenn's erklärbar ist, was dich erschreckt!

DEIANEIRA
Ereignet hat sich, was euch, wenn ich es berichte,
ihr Fraun, ein unfassbares Wunder scheinen muss.
Denn womit ich jüngst das Festkleid salbte:
mit weisser Flocke eines Schafs von schöner Wolle,
das ist dahin, von nichts verzehrt
im Hause drinnen, nein, zerfressen aus sich selbst, entschwand's,
zerkrümelte von oben einer mürben Klippe gleich. Damit du's ganz
verstehst, wie's zuging, hol ich etwas weiter aus.
Denn was an Instruktionen der Kentaur, das Untier,
sich quälend an des Pfeiles scharfen Widerhaken in der Seite,
mir aufgetragen hatte, davon unterliess ich nichts, nein ich bewahrte
es wie die schwer tilgbare Schrift auf einer Bronzetafel.
Und dieses war mir vorgeschrieben, und so tat ich es:
Dies Mittel sollte ich fernab vom Feuer und stets unberührt
von heissen Sonnenstrahlen aufbewahren in des Hauses innerstem Versteck,
bis ich's, frisch aufgestrichen, irgendwo benutzen würde.
Und ich tat so. Nun, da's zu handeln galt,
vollzog verborgen ich die Salbung drin im Haus
mit einem Büschel Wolle, das ich ausriss einem Schaf aus unsrer Herde,
und legte, fein gefaltet, von der Sonne nicht bestrahlt,
in einen hohlen Kasten das Geschenk, wie ihr gesehn.
Doch zurückgekehrt ins Haus erblick ich nun
ein Omen, unfassbar, nicht zu begreifen für des Menschen Fassungskraft.
Das Stückchen Wolle von dem Schaf, das hatte achtlos

[mit welchem ich zuvor die Salbung vorgenommen, in das Feuer]
ich hingeworfen in den Strahl der Sonne. Und wie sich's erwärmte,
da zerfliesst es ganz, verliert den Umriss und zerkrümelt auf dem Boden,
am ehesten der Form nach Sägespänen zu vergleichen,
wie du sie sehen kannst, wo Holz zerschnitten wird.
So liegt es da, zersetzt, und aus der Erde,
wo es gelegen, wallen Klumpen auf von Schaum,
wie wenn der blauen Herbstfrucht dicker Trank
von Bakchos' Weinstock auf den Boden sich ergiesst.
So weiss ich Ärmste nicht, in welches Denken ich mich stürzen soll.
Ich sehe: Eine ungeheure Tat hab ich verübt!
Warum auch hätte – und wofür – das Tier im Tod
Wohlwollen mir, für die es starb, erweisen sollen?
Unmöglich! Nein, nur weil es Herakles, ihn, der es traf,
vernichten wollte, hat es mich umgarnt. Das wird mir allzu spät,
wo's nicht mehr hilft, jetzt schliesslich klar.
Denn ich und keine andre – täuscht mich denn mein Urteil nicht –
ich Unselge werde völlig ihn vernichten.
Ich weiss, der Pfeil, der Nessos traf, hat einem Gott sogar,
dem Cheiron, Leid gebracht, und alle Bestien, welche er
auch nur berührte, hingerafft.
Dies schwarze Gift im Blut, entquollen Nessos' Wunden,
wie wird es nicht auch Herakles vernichten? Jedenfalls seh ich es so.
Jedoch, es ist beschlossen: Sollte er nun fallen,
sterb auch ich zugleich, vom gleichen Schlag getroffen.
Denn mit schlechtem Ruf zu leben ist nicht auszuhalten
für eine Frau, die drauf bedacht ist, nicht gemein zu sein.

CHORFÜHRERIN
Schlimme Dinge muss man unausweichlich fürchten, doch sollte man nicht richten über das Erhoffte, ehe es Gestalt annimmt.

DEIANEIRA
Wo schlecht entschieden wurde, gibt es keine Hoffnung,
zumindest keine, die noch Zuversicht verschaffen könnte.

CHORFÜHRERIN
Jedoch bei denen, welche ohne Absicht sich verfehlten,
ist die Empörung abgemildert; dies soll gelten auch für dich.

DEIANEIRA
So spricht wohl *der* nicht, der am Übel
beteiligt ist, nein, der nur, den im eignen Leben nichts bedrückt.

CHORFÜHRERIN
Es ist wohl angemessen, du verschweigst das Übrige,
falls du nicht etwas sagen willst dem eignen Sohne; denn
er ist zurück, der ausgezogen war zu suchen seinen Vater.

HYLLOS *(tritt auf)*
O Mutter! Wie sehr wünschte ich von dreien eines dir:
entweder, dass du nicht mehr lebtest oder, wohlbehalten
die Mutter eines andern hiessest oder einen bessern Sinn als den,
den jetzt du hast, eintauschtest dir woher auch immer.

DEIANEIRA
Was ist, mein Sohn, an mir so hassenswert?

HYLLOS
Den Mann, den deinen, wisse, meinen Vater
sag ich, hast du ermordet heut an diesem Tag!

DEIANEIRA
Weh mir! Welch Wort, mein Kind, hast du hervorgebracht!

HYLLOS
Eins, das unausweichlich sich erfüllt. Denn was
zutage trat, wer könnt es ungeschehen machen?

DEIANEIRA
Wie sprachst du, Sohn? Von wem erfuhrst du es,
dass du behaupten darfst, ich hätt solch eine nicht beneidenswerte Tat verübt?

HYLLOS
Selbst habe ich das schwere Unglück meines Vaters
gesehn vor Augen, nicht nur als Bericht gehört.

DEIANEIRA
Wo hast dem Mann du dich genähert, tratst an seine Seite?

HYLLOS
Wenn du es wissen musst, sei alles denn gesagt!
Als er nun weiterzog – er hatte Eurytos' berühmte Stadt zerstört,
die Siegtrophäen und die Beutestücke mit sich führend –
es ragt ein Vorgebirge an der rings umspülten Küste von Euboia,
das Kap Kenaion, wo er Zeus, dem Gott der Väter,
Altäre abgrenzt und geweihte, laubgeschmückte Haine:
Dort war's, wo ich zuerst ihn wiedersah, froh meiner Sehnsucht.
Just als er dranging, reiche, blutge Opfer darzubringen,
da traf sein eigner Herold Lichas von zu Hause ein
mit deiner Gabe, dem todbringenden Gewand.
Dies legt er an, so wie du es befohlen, und beginnt
das Stiereschlachten mit zwölf Rindern ohne Makel
als Erstlingsgabe von der Beute; hundert ganz
verschiedne Weidetiere führt' er hin zur Opferstätte.
Und zunächst nun betete der Arme heitren Sinns
und hatte Freude am schmuckvollen Kleid.
Doch als zur heilgen Feier hell die Flamme brannte,
blutrot und genährt vom Harz der Fichte,
quoll Schweiss ihm aus dem Leibe, und es schmiegte

an seine Seiten sich, fest angeleimt, wie wenn's von Künstlerhand,
das Kleid hin über jedes seiner Glieder. Und es kam
beissend ein Schmerz, der ihm bis in die Knochen drang. Dann
frass es an ihm so wie das mörderische Gift der hasserfüllten Schlange.
Da schrie er nach dem unglückselgen Lichas,
der keine Schuld an deiner Untat trug und fragte,
was tückisch ihn dazu verführt, ihm dieses Kleid zu bringen?
Der wusste nichts, der Unglücksmann: Von dir allein, sprach er,
sei das Geschenk, ganz so, wie es entsendet wurde.
Und jener, da er's hörte und der Krampf
schlimm quälend seine Lungen überfiel,
packt ihn am Fuss, wo sich der Knöchel dreht,
und schleudert ihn auf einen rings umspülten Fels im Meer;
aus seinem Haar quoll weiss heraus das Hirn, nachdem
mittendurch zerborsten war der Schädel, und rings spritzte zugleich Blut.
Und alles Volk brach aus in ehrfurchtsvolle Klagerufe,
da jener raste, *der* zerschmettert war.
Und keiner wagte es, dem Mann zu treten vor die Augen, denn
es riss zu Boden ihn, dann wieder hoch hinauf:
Er schrie, er brüllte, und es hallten rings die Felsen,
die Höhn von Lokris' Bergen und Euboias Vorgebirge.
Doch als der Arme müde wurde von dem vielen
Sich-hin-zu-Boden-Werfen, vielen Schreien unter Ach und Weh,
das Ehebett, den unheilvollen Ehebund verwünschend
mit dir, der Unglücksfrau, und die Verbindung
mit deinem Vater Oineus, klagend, wie damit er sich das Leben hat zerstört –,
da nun erhob er aus dem Qualm, der ihn umfing,
den irren Blick und sah mich in dem grossen Haufen
in einem Tränenstrom zerfliessen, blickt mich an und ruft:
«Mein Sohn, komm her! Flieh nicht vor meinem Übel,

und müsstest du mit mir, dem Sterbenden, zusammen sterben. Nein,
heb mich auf und lege mich am besten
dort nieder, wo mich keiner sehen wird der Sterblichen.
Doch lähmt dich Mitleid, setz mich über möglichst schnell,
nur hinweg aus diesem Land; lass mich nicht sterben hier!»
Und wir, wie er's befohlen, legten ihn
mitten in ein Boot und fuhren ihn, der unter Krämpfen brüllte,
mit arger Mühe hier ans Land. Ihr werdet ihn sogleich,
ob lebend noch, ob grad gestorben, sehn.
Solches hast du, Mutter, gegen meinen Vater ausgeheckt
und ausgeführt, das ist gewiss. Dafür soll Dike, Göttin sühnender Gerechtigkeit,
dich strafen und Erinys! Dieses Schlimme wünsch ich dir – wenn's rechtens ist.
Recht ist es aber, denn du gibst dazu durch deine Untat mir das Recht,
die du den besten Mann von allen auf der Erde, wie
du keinen andern je erblicken wirst, getötet hast!
*(Deianeira wendet sich stumm ab, um ins Haus zu gehen)*

CHORFÜHRERIN *(während Deianeira sich entfernt)*
Was schleichst du schweigend weg? Weisst du denn nicht,
dass du dem Kläger zustimmst, wenn du schweigst?

HYLLOS
Lasst sie nur gehen! Mag ein guter Wind
ihr wehen, wenn sie meinen Blicken nur entschwindet!
Was sollte eine ohne Grund der Mutter stolzen Namen pflegen, die
in nichts wie eine Mutter handelt?
So geh sie denn und lebe wohl! Doch den Genuss,
den sie meinem Vater schenkt, erlebe auch sie selbst!

## 3. Stasimon (821–862)

Str. 1 Seht, Mädchen, wie plötzlich an uns sich verwirklicht hat
das Wort, das prophetische,
längst kundgetaner Voraussicht:
Es sprach: Wenn mit vollem Monat ausliefe
das zwölfte Jahr, so werde ein Ende es setzen der Mühsale Last
für des Zeus echtbürtigen Sohn.
Und dies treibt auf sicherem Kurs
beharrlich ans Ziel.
Denn wie sollte der, der die Augen schloss,
je noch den mühvollen Knechtsdienst
im Tode erleiden?

Gegenstr. 1 Wenn des Kentauren tückischer Zwang
mit tödlicher Hülle die Seiten ihm sengt,
wo sich festsog das Gift,
das gezeugt hat der Tod und genährt die schillernde Schlange:
Wie säh dieser noch eine andere Sonne als die von heute,
der mit der Hydra schrecklichster
Spukgestalt
ist verschmolzen? Und zugleich martern ihn
des schwarzmähnigen Nessos
heimlich tötende, brodelnde Stacheln
tückischer Worte.

Str. 2 Von alldem zog die Arme,
da sie grossen Schaden, ohne zurückzuschrecken,
anstürmen sah auf die Häuser
von neuer Vermählung,
das eine sich selbst zu;
das andre, das fremdem
Ratschlag entsprungen in verderblichem Umgang:
Ja, das beklagt sie verzweifelt,
ja, das benetzt sie mit üppiger Tränen

frisch quellendem Tau.
Das nahende Schicksal aber enthüllt ein listiges,
grosses Verhängnis.

Hervorbrach die Flut der Tränen! Gegen-str. 2
Es ergoss sich eine Krankheit – entsetzlich! –
so wie von Feinden noch niemals
über den hochberühmten Mann
ein Leiden gekommen ist zum Erbarmen.
Ioh! Tödliche Spitze des Speers an der Kampffront,
die du damals geschwind als Braut
von der steilen Oichalia hergebracht hast,
das Mädchen im Kampfe.
Doch es hat Kypris, stets zu Diensten, sich lautlos
klar offenbart als Bewirkerin all dieser Dinge.

*(Im Haus zunächst ein verhaltener, dann stärkerer Weheruf)*

## 4. Epeisodion (863–946)

<AMME: Weh mir!>
*Einzelne aus dem Chor*
– Bin überspannt ich? Oder hör ich da
ein Jammern eben jetzt das Haus durchdringen?
– Was sag ich?
Es lässt jemand erschallen
keinen nur unbestimmten Ton, nein, drin des Unglücks
Wehgeschrei! Neues ist passiert im Haus.
– Doch siehe nur:
Wie freudlos und mit düstrem Blick
da diese Alte auf uns zukommt, etwas zu vermelden.

AMME
Ihr Mädchen: Wie wurde uns zum Ursprung nicht geringer Übel
die Gabe, die dem Herakles ward zugestellt!

CHORFÜHRERIN
Von welcher neuen Unheilstat sprichst du denn, Alte?

AMME
Angetreten hat die letzte aller Reisen
Deianeira, ohne einen Fuss zu rühren.

CHORFÜHRERIN
Doch nicht als eine, die verstorben?

AMME
Alles hörtest du.

CHORFÜHRERIN
So ist sie tot, die Arme?

AMME
Du hörst's zum zweiten Mal.

CHORFÜHRERIN
Die Arme! Welche Art des Untergangs hat ihr den Tod gebracht, sagst du?

AMME
Eine grause, jedenfalls gemessen am Vollzug.

CHORFÜHRERIN
Welch Todeslos,
Frau, traf sie denn?

AMME
Die hat vernichtet <ein zweischneidig Schwert.>

CHORFÜHRERIN
Welch verstörender Drang, welche Krankheit
hat mit der Schärfe eines üblen
Geschosses sie entrafft? Wie ersann sie
zu dem Tod den Tod –
und vollzog ihn, allein, mit des Stöhnen erweckenden

Eisens Schnitt?
Und du sahst tatenlos zu diesem Frevel?

AMME
Ja, ich sah zu, stand ich doch nahe dabei.

CHORFÜHRERIN
Wer half ihr? Los, sprich!

AMME
Selbst aus sich selbst mit ihren eignen Händen hat sie es getan.

CHORFÜHRERIN
Was redest du?

AMME
Was deutlich wahr ist.

CHORFÜHRERIN
Es gebar, gebar
sie, die Braut ohne Hochzeitsfeier,
diesen Häusern grosses, rächendes Unheil.

AMME
Nur allzu sehr! Und hättest aus der Nähe du gesehn,
wie sie's getan, du hättest sicherlich noch tiefer mitgefühlt.

CHORFÜHRERIN
Und eine Frauenhand hat diese Tat gewagt?

AMME
Entsetzlich, ja! Doch sollst du es erfahren, dass du's mir bezeugen kannst.
Als sie allein zurückgekommen war ins Haus
und ihren Sohn im Hofe eine eingetiefte Trage
rüsten sah, damit vom Strand den Vater heimzuholen,
verbarg sie sich, dort wo sie niemand sehen konnte,
warf sich an den Altären hin und brüllte,

dass sie verlassen sei, und weinte, wenn sie ein Gerät
berührte, das zuvor von ihr benutzt, der Ärmsten,
streifte hier- und dorthin durch die Kammern,
und fiel ihr Blick auf die Gestalt von einem ihrer Diener,
so weinte die Unselige bei seinem Anblick,
ihr eignes Schicksal laut beklagend
[und das künftge kinderlose Hab und Gut.]
Und als damit sie aufgehört, seh ich sie plötzlich
stürmen in das Schlafgemach des Herakles.
Doch ich, den Blick im Dunkel bergend,
war wachsam. Da nun sehe ich die Frau
Decken ausgebreitet werfen auf das Bett des Herakles.
Wie sie damit nun fertig war, da sprang sie selbst
hinauf und liess sich nieder mitten auf dem Ehebett,
und ausbrechend in eine heisse Tränenflut
sprach sie: «O du mein Ehebett und Brautgemach,
lebt wohl auf immer! Denn nie mehr
werdet ihr zum Schlaf auf diesem Lager mich empfangen!»
Nach diesen Worten löste sie ihr Kleid
mit angespannter Hand, dort wo die goldgetriebne
Spange vor den Brüsten lag, und drauf entblösste
sie die ganze Seite und den linken Arm;
da rannte ich, so rasch ich irgend konnte, und berichtete
dem Sohn von ihr, was sie da unternahm.
Doch in der Zeit, da hin ich eilte und mit ihm zurück,
hatte sie, so sehn wir, mit des Schwertes Doppelschneide
die Seite unterhalb der Leber und dem Zwerchfell sich durchbohrt.
Als der Sohn es sah, wehklagte er, denn er erkannte,
der Arme, dass mit seinem Zorne er heraufbeschworen hatte diese Tat,
zu spät belehrt von denen in dem Haus, dass sie
unabsichtlich dies getan, verleitet vom Kentauren.
Da liess der Sohn, der Arme, es nicht fehlen

an Weherufen, sie beklagend und
mit Küssen ihren Mund bedeckend, nein, er legte sich
an ihre Seite hin und schluchzte vielfach auf,
er habe vorschnell sie mit schlimmer Unterstellung angegriffen,
weinend, dass vom Vater er zugleich wie auch von ihr
verwaist sein werde nun in seinem Leben.
So also sieht's hier aus! Darum: Wenn einer
gedanklich ausgreift über zwei oder gar weitre Tage,
ist er ein Narr! Ein Morgen gibt es nämlich nicht,
eh einer gut bestanden hat den heutgen Tag.

*(Die Amme geht zurück ins Haus)*

## 4. Stasimon (947–970)

CHOR
Welches der beiden Lose beklag ich zuerst? Str. 1
Welche Leiden sind noch darüber hinaus zu beklagen?
Schwer zu entscheiden ist's für mich Arme!

Das eine *haben* wir, dass wir es schauen, im Haus, Gegenstr. 1
auf das andre harren wir voller Erwartung:
Es fallen in eins das Schauen und nahe dran sein zu schauen.

O käme doch nur ein stürmischer Wind, günstig wehend, Str. 2
zu unserem Herd,
der hinweg von diesem Ort mich verpflanzte,
dass ich nicht sterbe vor Angst,
wenn ich des Zeus tapfren Sohn
auch nur sähe ganz plötzlich!
Denn in unentrinnbaren Schmerzen
komme er, sagen sie, vor das Haus,
ein unsäglicher Anblick!
*(Im Hintergrund sind Schritte zu hören)*

Gegenstr. 2

Also war nah er und nicht entfernt, als ich ihn im Voraus beweinte
wie eine schrillstimmige Nachtigall.
Denn fremder Männer fremdartiger Tritt
ist dies. Und wie tragen sie ihn? Besorgt wie um einen
geliebten Freund setzen sie nur gedämpft
den schweren Schritt.
Weh! Wehe! Wie lautlos wird er getragen!
Ist er tot, oder ist er überwältigt vom
Schlaf? Wie sollen wir es entscheiden?

## 5. Epeisodion (971–1258)

HYLLOS
Weh mir um dich, Vater, wert zu beklagen,
was soll aus mir werden? Was kann ich ersinnen? Weh mir!

ALTER
Sei still, Kind! Wühle nicht auf
den grimmigen Schmerz in dem wildgesonnenen Vater!
Denn er lebt, hingestreckt. Doch halt an dich, verbeiss
dir deine Zunge!

HYLLOS
Was sagst du, Alter? Ja? Er lebt?

ALTER
Nicht wecke auf den Schlafumfangnen
und scheuch nicht auf, entfessle nicht
die gärende, entsetzliche
Krankheit, Kind!

HYLLOS
Doch auf mir Armem lastet
eine Schwere unermesslich! Und mein Herz ist fassungslos.

HERAKLES *(erwachend)*
O Zeus!

Wohin auf Erden bin ich gekommen? Bei welchen Menschen
lieg ich, erschöpft von endlosen
Schmerzen? Weh mir, ich Unseliger!
Und wieder frisst sie mich auf, die grausige Qual. Weh mir!

ALTER *(zu Hyllos)*
Wusste ich nicht genau, wie lohnend es war,
Stillschweigen zu wahren und diesem nicht zu
verscheuchen vom Haupt
und den Wimpern den Schlaf?

HYLLOS
Nein, ich hab nicht die Kraft,
diese Qual mit Fassung zu sehen.

HERAKLES
O Kenaions Grundstein der Altäre!
Welch einen Dank – für welche Opfer! –
hast du mir Elendem erstattet – o Zeus!
Welch eine Schmach hast du mir angetan, welch eine!
Dass ich doch niemals sie gesehen hätte,
ich Armer, mit den Augen, so dass ich auf diesen unstillbaren
Ausbruch des Wahnsinns blicken musste!
Denn wer ist der Zauberer, wer der Heilkunst
Meister, der da dies Verhängnis,
ausser Zeus allein, hinwegbeschwören wird?
Ich säh ihn wohl als Wunder – doch ich seh es nur von fern.
*(Herakles hat sich aufgerichtet, man bemüht sich um ihn, fasst ihn an)*

He e! Str.
< >
Lasst mich! Lasst mich,
den Unglückseligen, ruhen!
Lasst mich, den Unglückseligen, ruhen!
*(zum Alten)* Wie, wie fasst du mich an? Wohin drehst du mich?

Du bringst mich noch um, bringst mich um!
Auf störst du, was schon entschlummert war!
Ototototoi! Greift sie doch nach mir, schleicht wieder heran! Woher seid ihr,
o ihr unter allen Hellenen ungerechteste Männer!
Für die ich viel auf dem Meer und in allen Gebüschen
säubernd mich aufrieb, ich Armer! Und nun, da ich siech bin,
will kein Feuer, kein Schwert einer an mich legen zum Nutzen!
He e!
Keiner von ihnen will kommen, das Haupt mir
abzuschlagen und mich zu erlösen vom qualvollen Leben –
weh! Weh!

ALTER
O du Sohn dieses Manns! Diese Tat übersteigt doch bei weitem
all meine Kräfte. Doch leg mit Hand an! Denn du bist jünger,
besser geeignet zu retten als ich!

HYLLOS
So will ich ihn fassen,
aber ich kann nicht sein Leben zu Ende bringen, befreit von
Qualen, weder allein, noch mit fremder Hilfe. Das liegt in des Zeus Macht.

HERAKLES
Gegenstr. <He e!>
*(erkennt jetzt die Stimme des Hyllos)*
O Sohn, wo bist du denn?
Hier fasse mich, hier und richte mich auf!
He e! I-oh Daimon!
Und wieder springt, springt sie mich an,
die grässliche, die mich vernichtet,
die unzugängliche, wilde Krankheit!
I-oh! I-oh, Pallas! Da peinigt's mich wieder – i-oh Sohn!
Hab mit dem Vater Erbarmen! Zücke dein Schwert ohne Skrupel,

triff mich unter dem Hals und heile den Schmerz, mit dem deine
Mutter mich ruchlos ergrimmte! O sähe ich niedergestreckt sie,
so, genauso wie sie mich getötet! O Hades, du holder,
o du leiblicher Bruder des Zeus, bring zur Ruh mich, zur Ruhe,
mit schnellem Tod austilgend den kläglichen Mann!

CHORFÜHRERIN
Mit Schaudern hör ich dieses Unglück, o ihr Lieben,
des Herrn, von welchem er – was für ein Mann – wird heimgesucht!

HERAKLES
Schon viel Bedrohliches und nicht allein dem Wort nach
Schlimmes habe ich bewältigt mit den Fäusten, mit dem Rücken.
Doch solche Qual hat mir noch nicht, nicht Zeus' Gemahlin,
nicht Eurystheus, der Verhasste, auferlegt,
wie dies des Oineus Tochter mit dem falschen Blick
geknüpft um meine Schultern hat, dies Netz,
gewoben von den Rachegeistern, das mich nun zerstört.
Denn an den Seiten haftend hat es weggefressen
bis tief ins Innerste mein Fleisch, es schlürft,
mir eingewachsen, aus die Lungenröhren, hat mein frisches Blut
schon weggetrunken, und ich bin am ganzen Leib zerstört,
niedergekämpft von dieser unsagbaren Fessel.
Kein Kampf in offnem Felde, nicht das erdgeborne
Heer der Giganten, auch nicht eines wilden Tiers Gewalt,
nicht Hellas, nicht Barbarenland, noch sonst ein anderes,
soweit die Erde ich zu säubern kam, tat dies mir an.
Nein, eine Frau, ein Weib bloss, nicht von Männerart,
hat mich bezwungen, ganz alleine, ohne Schwert!
*(zu Hyllos gewandt)*
Mein Sohn! Nun zeige dich mir als mein echtgeborner Sohn
und achte nicht der Mutter Namen höher!
Gib sie mir, mit deinen Händen aus dem Haus sie schaffend,
in meine Hand, sie, welche dich gebar, damit ich sicher weiss,

ob's mehr dich schmerzt, zu sehen meine schmähliche Gestalt
als ihre, wenn sie, wie's nur recht ist, übel zugerichtet wird.
So geh, mein Kind, und nimm's auf dich! Erbarm dich meiner,
der in den Augen vieler Mitleid weckt: der ich gleich einem Mädchen
heul und weine – doch es könnte niemand sagen,
er hätte diesen Mann hier *(zeigt auf sich)* je zuvor gesehn sich so verhalten.
Nein, denn immer ohne Seufzen unterzog ich allen Übeln mich.
Nun aber findet sich's: Ein Weib bin ich und war doch solch ein Mann – ich Armer!
Und nun, komm her und stell dich nah zu deinem Vater,
und sieh dir an, durch welches Unglück ich all dies
erleide; denn ich will dir dies hier frei von Hüllen zeigen!
*(Er streift die Decken ab)*
Da! Da! Betrachtet alle den elenden Leib!
Seht an den Unglücksmann: wie kläglich's um mich steht!
Ai! Ai! ich Armer!
Ai! Ai!
Es flammte eben in mir wieder auf des Unheils Krampf,
durchzuckte meine Flanken, und nicht ohne Qual
lässt mich, so scheint es, die zerfressende, unselge Pest!
O Herrscher Hades, Gott der Toten, nimm mich auf,
o du, Zeus' Blitzstrahl, schlage zu!
O schleudre, Herr, und lasse niederkrachen das Geschoss
des Donners, Vater! Denn da frisst sie wieder,
prangt in voller Blüte, bricht hervor! O Hände, Hände!
O Brust und Rücken! O ihr meine Arme!
Seid ihr denn wirklich noch dieselben, die einst ihn,
der in Nemea heimisch war, der Rinderhirten Plagegeist,
den Löwen, das abweisende Gezücht, nicht anzureden,
habt mit Gewalt bezwungen, und die Wasserschlange
von Lerna und die wilde Heerschar der Kentauren, zweigestaltig,
pferdefüssig, frevelmütig und gesetzlos, überragend

an Kraft; das Erymanthische Untier und, unter der Erde,
Hades' dreiköpfigen Hund, das unschlagbare Ungeheuer,
der entsetzlichen Echidna Brut, und ihn, der goldnen
Äpfel Hüter, den Drachen, fern am Rand der Welt.
Noch viele tausend andre Mühen hab ich durchgekostet, und
Male des Sieges über meine Hände hat nie einer aufgerichtet.
Doch jetzt, so kraftlos und zerrupft, bin ich
von einem blinden Unheil ganz zersetzt, ich Armer!
Ich, der ich Sohn der besten Mutter bin genannt,
und auch als Spross des Zeus gerühmt, der über Sternen waltet!
Drauf aber könnt ihr zählen: Bin ich auch ein Nichts,
und kann mich kaum bewegen: Sie, die dies getan,
ich bring sie um, auch so! Sie komm nur her,
damit sie gründlich lerne, allen auszurichten,
dass ich im Leben wie im Tod mich stets an Bösen rächte!

CHORFÜHRERIN
O armes Hellas! Welches Leid seh ich dir noch
beschieden, wenn du dieses Manns verlustig gehst!

HYLLOS
Da du mir, Vater, zu entgegnen hast vergönnt, vergönn
mir auch dein Schweigen, und, so sehr du krank bist, hör mich an!
Denn bitten will ich dich um etwas, das gerecht ist zu erlangen.
Tu, wie ich sage: nicht so wutentbrannt, wie's dich
im Herzen beisst, denn sonst erkennst du nicht,
auf welche Freude fälschlich du abzielst und was dich grundlos schmerzt.

HERAKLES
Sprich, was du willst, und hör dann auf! Denn ich versteh,
krank wie ich bin, rein nichts von dem, was du schon lang verfänglich schwatzt.

HYLLOS
Von meiner Mutter will ich reden: wie's um sie
jetzt steht, worin sie sich verfehlt hat ungewollt.

HERAKLES
Grundschlechter du! Und du erwähnst da wiederum
die Vatermörderin, die Mutter, dass ich's hören muss?

HYLLOS
So steht's um sie, dass sich zu schweigen nicht geziemt.

HERAKLES
Gewiss nicht, nein, nach dem, was sie zuvor begangen hat!

HYLLOS
Auch nicht nach dem, was heut geschah, wirst du das sagen.

HERAKLES
Sprich! Doch pass auf, dass du dabei nicht illoyal erscheinst!

HYLLOS
Ich spreche: Sie ist tot, soeben hingemordet!

HERAKLES
Von wem? Ein unbegreiflich Ding verkündest du mit nicht geheuren Worten!

HYLLOS
Selbst durch sich selbst, kein Fremder tat da mit.

HERAKLES
Ach! Bevor sie starb von meiner Hand, wie's ihr gebührte?

HYLLOS
Selbst dein Zorn wird sich wandeln, hast das Ganze du gehört.

HERAKLES
Stark war der Anfang deiner Rede! Sage, wie du's meinst.

HYLLOS
Auf einen Punkt gebracht: Sie hat gefehlt – und wollte doch nur Gutes.

HERAKLES
Du, Gemeinster, nennst es Gutes tun, zu morden deinen Vater?

HYLLOS
Ja, im Wahn durch Zauber deine Liebe zu gewinnen,
ging in die Irre sie, als sie die neue Ehe vor sich sah im Haus.

HERAKLES
Und wer kennt sich in Trachis so gut aus mit Zaubermitteln?

HYLLOS
Nessos hat sie einst beredet, der Kentaur,
mit solchem Liebeszauber deine Sehnsucht zu entfachen.

HERAKLES
I-uh! I-uh! Unseliger! Mit mir ist's aus, ich Armer!
Verloren ich, verloren! Licht ist keines mehr für mich!
Weh mir! Ich seh nun klar, welch Schicksal mich getroffen hat.
Geh denn, mein Kind – hast du doch keinen Vater mehr –:
Ruf deiner Blutsverwandten ganze Sippe mir,
ruf mir Alkmene, meine arme Mutter, die vergeblich
mit Zeus das Lager teilte, dass ich euch vor meinem Ende
verkünde alle Göttersprüche, die ich weiss.

HYLLOS
Doch deine Mutter ist nicht hier, nein es
ergab sich, dass sie jetzt an Tiryns' Küste Wohnsitz hat.
Die einen von den Enkeln nahm sie mit und zieht sie auf,
die andern aber, wenn du's wissen willst, bewohnen Thebens Stadt.
Wir aber, die wir hier sind, Vater, wollen hören,
wenn's geboten ist, etwas zu tun, und dir zu Diensten sein.

HERAKLES
So hör denn, was zu tun ist: Du hast nun den Punkt erreicht, an dem
du zeigen kannst, als welch ein Mann du bist mein Sohn genannt.
Denn geweissagt war vor Zeiten mir vom Vater,
durch keinen, der da atmet, würde einst ich sterben,
sondern durch einen Hingeschwundnen, der im Hades wohnt.
Und also hat dies Untier, der Kentaur, so wie der Götterwille
geweissagt war, mich so, den Lebenden, im Tod getötet.
Und zeigen will ich, wie mit diesen sich die neuen
Sprüche decken, zu den alten stimmend,
sie, die ich, nach Eintritt in den Hain der Priester von Dodona,
der Bergbewohner, die am Boden schlafen, dort mir niederschrieb
von meines Vaters Eiche, die mit vielen Stimmen spricht:
Die für die Zeit, die lebt und die jetzt ist,
verhiess, dass ich von aller Mühsal, die mir aufgebürdet ist,
Erlösung fände; wohlergehen werd es mir, so wähnte ich.
Doch hiess nichts andres dies, als dass ich sterbe,
denn auf den Toten lastet keine Mühsal mehr.
Da dies nun alles klar bestätigt wird, mein Kind,
sollst du zum Kampfgefährten werden *diesem Mann (zeigt auf sich)*
und nicht durch Säumen reizen meinen Zorn, nein, selbst
dich fügen, mittun und entdecken, dass das schönste
Gebot ist, deinem Vater zu gehorchen!

HYLLOS
Zwar fürchte ich, auf solches Wortgezanke
mich einzulassen, doch was du für richtig hältst, das will ich tun.

HERAKLES
Leg deine rechte Hand zuallererst in meine.

HYLLOS
Wozu bestehst mit solchem Nachdruck du auf dieser Treuegeste?

HERAKLES
Willst du sie wohl rasch reichen, dich mir nicht verweigern?

HYLLOS
Da sieh: Ich streck sie hin und ohne Widerstand.

HERAKLES
So schwöre nun beim Haupt des Zeus, der mich gezeugt hat!

HYLLOS
Was denn zu tun? Auch das musst du verkünden.

HERAKLES
Die Tat mir auszuführen, die mein Wort dir auferlegt.

HYLLOS
Ich schwör es, habe Zeus zum Zeugen meines Eids.

HERAKLES
Und brächst du ihn, erflehe Unheil dir!

HYLLOS
Das wird nicht sein: Ich tue es. Doch gleichwohl: Ich erflehe es.

HERAKLES
Du kennst des Oita Gipfel, der dem Zeus geweiht?

HYLLOS
Ich kenne ihn, stand oft dort oben schon als Opferpriester.

HERAKLES
Heb auf jetzt meinen Leib und schaff ihn hin
mit eigner Hand und Freunden, die du dir erwünschst,
und schlag viel Holz vom wurzeltiefen Eichbaum dann
und schneid viel ab zugleich vom kräftig wilden Ölbaum.
Da lege meinen Leib darauf und mit

der Fichtenfackel Flamme zünd ihn an!
Und keine Klageträne will ich sehn,
nein, ohne Stöhnen, ohne Tränen, wenn du denn der Sohn
bist *dieses Manns*, vollziehe es. Wenn aber nicht, so werd ich auch dort unten
auf ewig deiner harren mit meinem schweren Fluch.

HYLLOS
O weh mir, Vater! Was sagst du? Was tust du mir nur an?

HERAKLES
Das, was zu tun ist. Doch entziehst du dich, so sei
eines andern Vaters Sohn, doch heisse nicht der meine mehr!

HYLLOS
Und nochmals weh mir! Wozu, forderst, Vater, du mich auf?
Ein Mörder soll ich werden und befleckt mit deinem Blut?

HERAKLES
Das tu ich nicht: Nein, Heiler sollst du meiner Nöte sein
und Arzt als einziger in meiner Krankheit Qual.

HYLLOS
Und wie, verbrenn ich ihn, könnt deinen Leib ich heilen?

HERAKLES
Nun, wenn dich dieses schreckt, tu immerhin das andere.

HYLLOS
Zwar dich hinaufzutragen, wird man nicht verargen.

HERAKLES
Und auch der Scheiterhaufen wird errichtet, wie ich angeordnet hab?

HYLLOS
Soweit ich selbst dabei nicht Hand anlegen muss!
Das andre will ich tun; es soll, was an mir liegt, dich nicht belasten!

HERAKLES
Nun, so wird auch das genügen! Doch erweise mir
noch eine kleine Gunst hinzu zum andern Grossen, das du gibst!

HYLLOS
Und wenn sie auch sehr gross ist, sei sie dir gewährt.

HERAKLES
Eurytos' Tochter kennst du doch, die junge Frau?

HYLLOS
Du meinst Iole, wenn ich recht vermute.

HERAKLES
Ja, sie. Dies trag ich dir noch auf, mein Kind:
Diese nimm nach meinem Tod, wenn fromme Pflicht
du achten willst, der Schwüre eingedenk, die du dem Vater gabst,
zu deiner Frau, und schlag's nicht aus, dem Vater zu gehorchen.
Und kein andrer Mann soll sie, die innig mir zur Seite lag,
jemals bekommen ausser dir,
nein, du selbst, mein Sohn, verbinde dich mit ihr!
Gehorche mir! Denn mir im Grossen sich zu fügen, doch
im Kleinen zu verweigern, macht zunichte auch die frühre Gunst.

HYLLOS
Weh mir! Zwar einem Kranken zürnen, das ist schlimm,
doch ihn so denken sehn, wer könnte das ertragen?

HERAKLES
Du tönst, als wolltest du nichts tun von dem, was ich da sage!

HYLLOS
Wer könnte sie, die einzig an dem Tod der Mutter
mitschuldig ist und auch an deinem Zustand jetzt –
wer würde wohl dies Los, wenn er nicht krankt an bösen Geistern,
sich wählen? Besser wär's, auch ich, mein Vater, stürbe,
als dass ich mit dem ärgsten Feind zusammenwohne!

HERAKLES
Der Mann da, scheint es, will mir Sterbendem
nicht erweisen den gebührenden Respekt! Doch wird der Götter Fluch
erwarten dich, gehorchst du meinen Worten nicht.

HYLLOS
Ach, bald zeigst du, wie's scheint, wie krank du bist!

HERAKLES
Ja, scheuchst du mich doch aus dem Übel auf, das schlief.

HYLLOS
Ich Armer! So viel gibt's, vor dem ich keinen Ausweg weiss!

HERAKLES
Weil du nicht hören willst auf den, der dich gezeugt.

HYLLOS
So soll ich also lernen, Vater, zu missachten fromme Scheu?

HERAKLES
Das tust du nicht, wenn du mein Herz erfreust.

HYLLOS
Und du befiehlst mir dies zu tun mit vollem Recht?

HERAKLES
Ja, ich! Dafür zu Zeugen rufe ich die Götter an!

HYLLOS
So will ich's tun und weis es nicht von mir und stelle
die Tat den Göttern als die deine hin! Denn niemals werd ich wohl
als schlecht erscheinen, weil ich, Vater, folgte deinem Wort.

HERAKLES
Schön schliesst du ab. Nur füge dem, mein Sohn,
die schnelle Gunst hinzu, dass du, bevor ein Krampf losbricht

oder des Wahnsinns Stachel, mich dem Holzstoss anvertraust.
Los, beeilt euch, hebt mich auf! Beendigung der Qualen
bringt nur dies: Das Ende *dieses Manns*, zuallerletzt!

HYLLOS
Nun denn, so hindert nichts, dass dies sich dir erfüllt,
da du's befiehlst und, Vater, keine andre Wahl mir lässt.

## Exodos (1259–1278)

HERAKLES
Auf denn, ehe diese wieder sich rührt,
die Krankheit, o unnachgiebige Seele! Von Stahl
leg mir an einen Zaum, mit Steinen besetzt,
und unterdrücke den Schrei, dass freudigen Muts
du vollbringst das erzwungene Werk!

HYLLOS
Hebt, Gefährten, ihn auf und gewährt
dafür mir grosses Verständnis,
erkennt aber auch grosse Härte
der Götter in den Taten, die sich vollzogen!
Die zeugten Kinder und lassen sich preisen
als Väter, und sehen doch solchen Leiden nur zu!
Zwar das, was künftig geschieht, sieht keiner voraus,
doch was jetzt vor sich geht, ist kläglich für uns
und schändlich für sie,
doch am schwersten von allen
für ihn, der dieses Unheil erlebt.

CHORFÜHRERIN *(zum Chor)*
Bleibt, junge Frauen, auch ihr nicht zurück bei dem Haus,
die ihr grosse neue Tode gesehn
und viele und unerhörte Leiden,
und in alldem ist nichts, was nicht Zeus ist.

# Textgrundlage der Übersetzung

Als Grundlage dieser Übersetzung der *Trachinierinnen* diente: *Sophoclis Fabulae*, herausgegeben von H. Lloyd-Jones und N. G. Wilson, Oxford University Press 1990 (= Lloyd-Jones/Wilson 1990). Davon abweichende Lesarten basieren auf der kommentierten Ausgabe von P. E. Easterling, erstmals erschienen 1982 in der Cambridge University Press (= Easterling 1982).

Von der Edition von Lloyd-Jones/Wilson 1990 abweichende Lesarten:

| | |
|---|---|
| 7 | ὄκνον |
| 58 | δόμους |
| 77 | χώρας |
| 106 | ἀδακρύτων |
| 117 | στρέφει |
| 122 f. | αἰ-<br>δοῖα |
| 129 | χαρὰ |
| 179 | πρὸς χαρὰν |
| 196 | τὸ γὰρ ποθοῦν |
| 328 | αὕτη |
| 331 | οἷσιν |
| 380 | ποτὲ |
| 394 | ὡς ὁρᾷς |
| 452 | γενέσθαι |
| 526 | ἐγὼ δὲ θατὴρ …· |
| 554 | λώφημα (Jebb) |
| 564 | ἦν |

573 μελαγχόλους
574 ἰοὺς
628 προσδέγματ᾽ αὐτή θ᾽ ὡς ἐδεξάμην φίλως.
647 βάντα
660 πανίμερος
673 μαθεῖν
684 καί … ἕδρων,
687 ἕως νιν
768 τέκτονος,
769 χιτὼν
809 θέμις γ᾽
834 ἔτρεφε
836 δεινοτάτωι
905 γένοιτ᾽ ἐρήμη (codd.)
947 ἐπιστένω;
948 περαιτέρω;
964 τις βάσις
969 θανόντα νιν
994–998 ἱερῶν οἵαν οἵων ἐπί μοι
μελέωι χάριν ἠνύσω, ὦ Ζεῦ·
οἵαν μ᾽ ἄρ᾽ ἔθου λώβαν, οἵαν·
ἣν μήποτ᾽ ἐγὼ προσιδεῖν ὁ τάλας
ὤφελον ὄσσοις, τόδ᾽ ἀκήλητον
1011 πάντων Ἑλλάνων
1014 οὐκ ἐπιτρέψει
1022 βίοτον
1046 κοὐ λόγωι κακὰ
1074 ἑσπόμην
1117 τοσοῦτον
1136 χρῆμ᾽·
[Komm. Easterling]
1167 εἰσεγραψάμην
1191 ὕψιστον
1234 τ᾽

# Anmerkungen

Diese Erklärungen stützen sich auf den überzeugenden Sach- und Deutungskommentar in P. E. Easterlings Edition des Stücks (Easterling 1982) (s. Einleitung «zum griechischen Text»).

1–48 Anders als die meist dialogisch einsetzenden Stücke des Sophokles beginnen die *Trachinierinnen* mit einer monologischen Prologrede der Deianeira, in der sie wesentliche Voraussetzungen des Dramas entwickelt. Obgleich es V. 49 klar wird, dass die Amme auf der Bühne ist und den Worten ihrer Herrin zugehört hat, lässt Deianeira nicht erkennen, dass sie die Gegenwart der Amme bemerkt, bis sie sie sprechen hört.

2–3 Der Gedanke von der Wandelbarkeit menschlichen Glücks ist zentral für das Verständnis des Stücks.

6–7 *Oineus*: Sagenhafter Fürst der bedeutenden Stadt *Pleuron* (und Kalydon) in Aitolien (westliches Mittelgriechenland), Vater u. a. von Meleagros, dem Helden der kalydonischen Jagd und Deianeira.

9 *Acheloos*: Fluss des westlichen Griechenlands und Flussgott, der mit Herakles als sein Rivale um die Hand der Deianeira kämpfte. Dieser Ringkampf war ein beliebtes Sujet der Vasenmaler.

35 *in fremden Dienst*: Deianeira vermeidet es, den Namen des Eurystheus, des Königs von Argos, zu nennen, in dessen Dienst Herakles seine Heldentaten vollbrachte.

36–48 Nach dem Ende des Dienstes bei Eurystheus tötete Herakles Iphitos, Sohn des Eurytos; er und seine Familie mussten von Tiryns ins Exil nach Trachis fliehen als Gäste eines Gastfreunds, und dann brach Herakles wieder auf, niemand weiss wohin.

39 *Trachis*: Hauptort der Malis, einer Landschaft zwischen Thessalien und Mittelgriechenland westlich der Thermopylen.

54 *reich an Söhnen*: Hesiod und Apollodor nennen vier Söhne von Deianeira und Herakles, aber nur Hyllos, der älteste, spielt in unserem Stück eine Rolle.

70 *Lyderweib*: Mythische Königin der Lyder. Für den Mord an Iphitos musste Herakles sich als Knecht an Omphale verkaufen lassen, ihr ein Jahr dienen und dem Eurytos, Iphitos' Vater, Wergeld bezahlen.

74 *Das Land Euboia*: Die zweitgrösste Insel Griechenlands, der Ostküste Mittelgriechenlands vorgelagert, *die Stadt des Eurytos* ist Oichalia.

94–140 *Parodos*: Das Einzugslied des Chors junger Frauen von Trachis, die dem Stück den Namen gaben.

96 *Helios*: Die Sonne, in der die Griechen ein göttliches Wesen, ja einen persönlichen Gott sahen.

101 *der zwei Kontinente*: Europa und Asien, d.h. der bewohnten Welt.

116 *den in Theben Gebornen*: Herakles.

128 *Kronos' Sohn*: Zeus.

157 *eine alte Tafel*: Zuerst erwähnt V. 47.

165 *drei Monde und ein Jahr*: Vgl. V. 44 ff. im Prolog.

171–172 *Dodona*: In Epirus, uraltes Orakel des Zeus, wo aus dem Rauschen der heiligen Eiche bzw. dem Flug und Ruf der heiligen Tauben geweissagt wurde. Spätere Quellen berichten, dass die Priesterinnen von Dodona *Peleiades* (‹Tauben›) genannt wurden, somit die Eiche durch den Mund der Priesterinnen gesprochen habe.

188 *auf der Ochsen Sommerweide*: Die Malische Ebene (cf. Anm. zu V. 39 und den V. 194).

200 *Oita*: Mittelgriechisches Gebirge, bis 2100 m hoch, südlich des Spercheiostales, berühmt durch den Flammentod des Herakles.

214 *Ortygia*: Artemis trägt den Beinamen *Ortygia*, weil der geheimnisvolle Name *Ortygia* (‹Wachtel-Land›) oft mit Delos identifiziert wurde, ihrem Geburtsland.

217 *meines Herzens Gebieter*: Entweder Dionysos oder die Flöte.

221 *Paian*: Chorlied zu Ehren Apollons. Dieser trug als Nothelfer und Heilgott (vgl. den Arzt Paieon in Homers *Ilias*) den Beinamen *Paian* und wurde im Lied mit dem Refrain *io, io Paian* angerufen (cf. V. 210).

223 *Dies:* Die Neuigkeiten von Herakles' Triumph.

236 *Land der Väter*: Griechenland.

237 Im nordwestlichen Vorgebirge von *Euboia* (cf. Anm. zu V. 74), dessen Höhen *Zeus Kenaios* heilig waren. Das Kap Kenaion liegt gegenüber dem Malischen Golf.

244 *die Stadt des Eurytos*: Vgl. Anm. zu V. 74.

252 *Omphale*: Vgl. Anm. zu V. 70.

261 *mitschuldig*: Eurytos war in Herakles' Augen der einzige *Sterbliche*, der verantwortlich war an seinem Leid, zusammen mit Zeus.

271 *Tiryns*: Herakles' Wohnsitz, bevor er ins Exil ziehen musste (vgl. Anm. zu V. 36–48).

281 *Doch sie*: Eurytos und seine Söhne.

344 *und diesen*: Den Frauen des Chors.

352 *im Beisein vieler Zeugen*: Das versammelte Volk von Trachis (vgl. V. 188–189, 371–373).

382 *er hatte ja nicht nachgeforscht*: Vgl. V. 317.

428 *als Gattin*: Das gleiche Wort ist im Griechischen auch V. 406 auf Deianeira angewandt (dort von Lichas).

497–530 *Stasimon*: Standlied des Chores in der Tragödie, also alle rein chorischen Partien nach der Parodos.

497 *Kypris*: Aphrodite, die Göttin der Liebe. Kypros (Zypern) ist neben Kythera der Schauplatz ihres Geburtsmythos.

499–502 Aphrodites, der «Listenspinnerin» (Sappho fr. 1.2 Neri), Täuschung erlagen selbst die mächtigsten Götter, die Himmel, Meer und Unterwelt beherrschten. Zeus (*Kronos-Sohn,* V. 500) war ein notorischer Verführer, auch, weniger ausgeprägt Poseidon, Hades nur bekannt durch den Raub der Persephone/Proserpina. Zur Geschichte der Täuschung des Zeus vgl. Homer, *Ilias* 14.214 ff.).

507 ff. Die Geschichte des Duells zwischen Herakles und Acheloos wird V. 6 ff. von Deianeira selbst erzählt (vgl. Anm. zu V. 9).

510 *Oiniadai*: Stadt in der Nähe der Mündung des Acheloos.

553–577 Deianeira erzählt die Geschichte des *Kentauren Nessos.* Kentauren waren vierbeinige Fabelwesen aus menschlichem Oberkörper und Pferdeleib, heimisch vor allem in den Bergwäldern Thessaliens. Einer von ihnen war Nessos, der am Fluss Euenos (V. 559) Fährmannsdienste tat. Er trug Deianeira über den Strom, während ihr Gatte hinüberging oder hinüberschwamm. Als er sich an ihr vergriff, rief sie Herakles zu Hilfe, der ihn durch einen Giftpfeil niederschoss. Um sich zu rächen, gab Nessos der Deianeira von seinem Blut als angeblichen Liebeszauber. Sie verwendete es später und führte so ohne Absicht Herakles' Tod herbei.

574 *Lernas Wasserschlange*: Die Tötung der vielköpfigen *Hydra von Lerna* (ca. 7 km südlich von Argos) steht im Dodekathlos des Herakles an zweiter Stelle. Dieser machte seine Pfeile durch Eintauchen in die Galle der Hydra von Lerna unfehlbar tödlich.

594 *diesen*: Lichas, der aufbricht zurück zu Herakles.

620 *des Hermes Botenamt*: Gott Hermes ist der Schutzherr der Boten und Herolde.

633–639 Eine ausgeschmückte Anrede an die lokalen Bewohner im Bereich der Thermopylen und des Malischen Golfs, die sich auf die Rückkehr des Herakles freuen.

638 *Jungfrau mit dem goldenen Pfeil*: Artemis.

639 *der Hellenen Rat*: Die Amphiktyonie, ein Bund zum Schutz der Heiligtümer des Apollon in Delphi und der Demeter in Anthela bei Thermopylai sowie zu gegenseitiger Einhaltung des Völkerrechts.
‹Pforten›: Die Thermopylen.

653 *Ares, angestachelt zu rasendem Kampf*: Vgl. Herakles' Kampfwut bei der Einnahme von Oichalia V. 359–365.

658 *den Opferherd auf der Insel verlassend*: Vgl. V. 237–238 und Anm. zu V. 237 sowie V. 287–288.

692 *wie ihr gesehn*: Vgl. V. 622, wo der Chor den geschlossenen Kasten auf der Bühne sah.

715 *Cheiron*: Im Gegensatz zu den andern wilden und schädlichen Kentauren ist der Kronos-Sohn Cheiron weise, gerecht und menschenfreundlich. Er unterweist Asklepios in der Heilkunst und erzieht viele berühmte Helden wie Achilleus und Theseus. Herakles trifft ihn versehentlich mit einem Pfeil,

der mit dem Gift der Hydra getränkt war, sodass die Wunde nie mehr heilen konnte.

753 *Kap Kenaion*: Vgl. Anm. zu V. 237.

788 *Lokris*: Name zweier getrennter Landschaften Mittelgriechenlands, das östliche und westliche Lokris. Ostlokris (hier gemeint) ist die Küstenlandschaft am Sund von Euboia von den Thermopylen im Westen bis zu den Bergzügen im Osten.

809 *Erinys*: Rachedämon, dem Bereich der Unterwelt zugeordnet, Tochter der Nacht.

825 *ein Ende es setzen der Mühsale Last*: Der Chor muss sich hier auf das zu Beginn des Stücks (V. 76, 77, 164) erwähnte Orakel beziehen, welches voraussagte, Herakles werde entweder sterben oder befreit werden von den Strapazen im Dienst des Eurystheus.

885 *zu dem Tod den Tod*: Ihren eigenen Tod nach dem Tod des Herakles.

893–895 *es gebar … die Braut … rächendes Unheil*: Das «Kind» der Verbindung von Iole und Herakles ist der Tod – der Tod der Deianeira und der kommende Tod des Herakles.

1031 *Pallas*: Pallas Athene war Herakles' Helferin und Beschützerin.

1058–1059 das *erdgeborne / Heer der Giganten*: Die Giganten waren ein wildes Geschlecht erdgeborner Riesen. Ihr Kampf gegen die olympischen Götter (Gigantomachie) war in der Literatur und bildenden Kunst der Antike ein sehr beliebtes Thema. Die unter Zeus' Führung kämpfenden Olympier können den Sieg nur mit der Unterstützung durch Herakles erringen, der zum Dank nach der Siegesfeier unter die Olympier aufgenommen wird.

1089–1106 Herakles stellt sechs seiner früheren Heldentaten (von zwölf) seinem gegenwärtigen Zustand der Hilflosigkeit gegenüber: Er erwürgte den nemeischen Löwen, schlug der Hydra von Lerna die Köpfe ab, rang die Kentauren nieder und den erymanthischen Eber, überwältigte den Höllenhund Kerberos in einem gewaltigen Ringkampf und erlangte die goldenen Äpfel der Hesperiden in der Nähe des Atlasgebirges, indem er den sie bewachenden hundertköpfigen Drachen Ladon tötete.

1148–1149 *Alkmene, … die vergeblich / mit Zeus das Lager teilte*: Vergeblich deswegen, weil Herakles dem Tod erliegen wird wie jeder gewöhnliche Sterbliche.

1152 *Tiryns*: Stadt südöstlich von Argos, wo Alkmene mit Herakles und seiner Familie gelebt hatte, bevor er Iphitos tötete (vgl. Anm. zu V. 36–48).

1155 *die wir hier sind*: Der Haushalt von Hyllos und Herakles' Begleitung.

1159 Herakles enthüllt ein zuvor im Stück nicht erwähntes Orakel, das ihm Zeus vor langer Zeit an einem nicht genannten Ort geweissagt hatte.

1164–1165 *die neuen / Sprüche*: Das V. 79 ff. und 157 ff. beschriebene Orakel.

1166 *Dodona*: Vgl. Anm. zu V. 171–172. Das Priestergeschlecht der Selloi, welche das Orakel verwalteten, («ohne die Füsse zu waschen und auf dem Boden schlafend»), wird schon von Homer erwähnt (*Ilias* 16.234).

1191 *Oita*: Vgl. Anm. zu V. 200.

1259–1278 Das Stück endet mit Anapästen und enthält deutliche Regieanweisungen: Herakles wird hochgehoben und in einer Prozession auf den Oita gebracht.

1275–1278 Die Handschriften sind sich uneinig, wem die letzten vier Zeilen zuzuschreiben sind, dem Chor oder

Hyllos, oder teils dem Chor, teils Hyllos. Spricht sie der Chor oder die Chorführerin, entspricht das der Norm: In allen erhaltenen Stücken des Sophokles und Euripides spricht der Chor die letzten Worte. Schon die antiken Scholien waren sich über die Zuteilung an dieser Stelle uneinig.

# Sophokles' *Trachinierinnen* und ihre heutige Aktualität: Eros, Krieg, Männlichkeit, traumatische Erfahrungen, Heldentum, Gender

Anton Bierl

## Eine heute selten aufgeführte Tragödie

Sophokles' frühe *Trachinierinnen*, ein nicht genau zu datierendes Frühwerk – jedes Datum zwischen 450 und 428 v. Chr. ist möglich, wahrscheinlich wurde das Stück zwischen 439 und 432 v. Chr. aufgeführt – behandeln als Ehedrama eine nahezu archetypische Grundkonstellation:[1] zu Hause die treue, zurückgelassene Frau, die sehnsüchtig auf den Gatten wartet, in der Ferne der kriegführende Held, der auf seinen Kriegszügen neben Ländereien auch schöne Frauen erobert. Eine schickt er nun als seine Konkubine schon im Voraus zu sich nach Hause, was das tragische Geschehen auslöst. Die *nostos*-Tragödie (Heimkehr-Tragödie) ist von hoher Dramatik und menschlicher Tiefe. Sophokles behandelt hier das Liebesleid aus der Perspektive der betrogenen Frau. Unwillentlich wird die Liebende schuldig, verstrickt sich in ein Geflecht von Rache, die über ein Elixier des Liebeszaubers weitergetragen wird. Magische und märchenhafte Züge, die Psychologie des menschlichen Empfindens, die antike Eros-Vorstellung, die gefährlichen Verwicklungen in eine patriarchale Ordnung, die nach Mann und Frau streng geschiedene Genderrollenerwartung, die Demontage des griechischen Heroen schlechthin und intertextuelle Anspielungen involvieren das Publikum in ein Wechselbad der Gefühle.[2]

---

1 Zur Datierung vgl. Easterling 1982, 19–23.

2 Vgl. die Kommentare von Jebb 1892; Kamerbeek 1970; Easterling 1982; Davies 1991; Rodighiero 2004; vgl. ferner u. a. Schwinge 1962; Easterling 1968; Segal 1977; Söring 1982, 55–104; Heiden 1989; Latacz

Trotz der fesselnden Themen wurde die Tragödie auf der modernen Bühne vergleichsweise selten gespielt. In Hellmut Flashars monumentalem, oft zu sehr auf den deutschsprachigen Raum beschränktem Überblickswerk *Inszenierung der Antike* bleiben die *Trachiniae* eigenartig unterbelichtet, so dass er in der zweiten Auflage mit dem ernüchternden, aber nicht ganz korrekten Fazit endet: «Die *Trachinierinnen* und der *Philoktet* sind zumindest von der deutschsprachigen Bühne nahezu völlig verschwunden».[3] Der kleine Abriss am Ende wird das Bild relativieren. Und mit der von der Kritik überall gepriesenen Zürcher Aufführung von Jossi Wieler im Dezember 2024 in der hier vorgelegten Neuübersetzung von Kurt Steinmann haben sich *Die Frauen von Trachis* auf der deutschsprachigen Bühne kraftvoll zurückgemeldet und eindrücklich bewiesen, dass sie einem heutigen Publikum etwas zu sagen und auch in theatralischer Hinsicht als Aufführung viel zu bieten haben.

## Risse und Brüche beim Klassiker

Man fragt sich, was der Grund für diese im Vergleich zu anderen Sophokleischen Tragödien relative Vernachlässigung des Stoffes seitens des modernen Theaters sein könnte. Offenbar hat das geringere Interesse mit ästhetischen, seit dem Klassizismus und Naturalismus mitgeschleppten Voreinstellungen zu tun.[4] Das negative Bild wird in der philologischen Sekundärliteratur vor allem durch August Wilhelm Schlegel geprägt. In seinen *Vor-*

---

1993/2003, 214–222; Wohl 1998, 3–56; Ormand 1999, 36–59; Carawan 2000; Flashar 2000/2010, 80–99; Lefèvre 2001, 11–39; Jong 2007; Pòrtulas 2010; Heiden 2012; Kitzinger 2012; Weiberg 2018; Seferiadi 2022; Catenacci 2024; Weiberg 2024, 68–104.

3 Flashar 2009, 336. Im Vergleich zu den anderen Sophokles-Tragödien achte man auf die erstaunlich wenigen –nur vier – Einträge im dortigen Register (ebd. 423).

4 Vgl. Catenacci 2024.

*lesungen über dramatische Kunst und Literatur* (1809) möchte er die *Trachinerinnen* am liebsten Sophokles, dem vermeintlichen Klassiker, absprechen.[5] So lautet sein vernichtendes Urteil in der siebten Vorlesung: *Die Frauen von Trachis* «scheinen mir an Wert so weit unter den übrigen auf uns gekommenen Stücken des Sophokles zu stehen, daß ich eine Begünstigung für die Vermutung zu finden wünschte, diese Tragödie [...] sei durch Irrtum auf seinen Namen geschoben worden. [...] Sind aber auch im Ganzen die Kunstmaximen des Dichters beobachtet, so ist es oberflächlich geschehen; man vermißt das tiefe Gemüt des Sophokles.»[6] Die radikale Abwertung der *Trachiniae* setzt sich über das ganze 19. und frühe 20. Jahrhundert fort, während sie davor durchaus gepriesen wurden. Die Palette der geringschätzigen Attribute schwankt zwischen schlecht und mässig, problematisch und eigenartig, dunkel und unheimlich, rätselhaft und unklar-verworren bis zynisch und bitterböse.[7]

Schon dem Primärpublikum, das in den Mythen zu Hause war und zum Teil mit den Heraklesepen und lyrischen Verarbeitungen vertraut war, blieben die sagenfaktischen Hintergründe hier im Gegensatz zur sonst so klar exponierenden Kunst des Meistertragikers eigenartig verborgen.[8] Die *Trachinierinnen* spie-

---

5 Schlegel 1966, 99. Das Bild des Klassikers prägte vor allem August Wilhelms Bruder Friedrich Schlegel; vgl. dessen Äusserung: «Im ganzen Gebiet der Klassischen Poesie ist die Darstellung des einzigen *Sophokles* absolut» (F. Schlegel 1979, 212). In dem zwischen 1795 und 1797 entstandenen Aufsatz *Über das Studium der Griechischen Poesie* preist er Sophokles als Vollender der Tragödie, die er ihrerseits schon als den Höhepunkt der griechischen Dichtung betrachtet, als Inbegriff und «Ideal der Schönheit» (F. Schlegel 1979, 300) und der Harmonie in stilistischer und sittlicher Hinsicht. Dazu vgl. F. Schlegel 1979, 296–301. Zu Sophokles' Klassikerstatus vgl. auch Janka 2004, 15–58.

6 Schlegel 1966, 99.

7 Vgl. Segal 1977, 101–102, bes. 101: «inferior, imperfect, very poor and insipid, gloomy, dark, puzzling, odd, nebulous, curious, bitter, difficult.»

8 Vgl. insgesamt Easterling 1982, 15–19.

len nicht wie das Gros der Tragödien an den Hauptorten Theben, Mykene, Sparta, Argos, Delphi oder Troia, sondern in der mittelgriechischen Peripherie in Aitolien, Thessalien und Euboia. Zudem hat dieses Stück nicht die allbekannten Hauptereignisse der zwölf Taten des Superhelden Herakles bei Eurystheus in Elis und die Rückkehr zu seiner Frau Megara und den Kindern nach Theben zum Thema.[9] Vielmehr behandeln *Die Frauen von Trachis* einen Nebenstrang der Heraklessage, in dem er sich mit einer neuen Frau, Deianeira aus Pleuron, vermählte und bald darauf wegen des verbrecherischen Mordes an Iphitos von den Göttern zur Sühne zum einjährigen Sklavendienst in Lydien bei Omphale verbannt wurde. Deianeira wurde derweilen mit den weiteren Kindern aus dieser Ehe im thessalischen Trachis am malischen Meerbusen bei einem im Stück nicht weiter benannten Gastfreund in der Fremde untergebracht.[10]

In der Forschung hat man bisher nicht erkannt, dass die heftig kritisierten Unklarheiten und vermeintlichen Inkongruenzen Teil der Strategie des Autors sind, das Publikum in die innere Psyche der isolierten und sich nach der Rückkehr des Mannes sehnenden Frau und in die Machenschaften eines die männli-

---

9 Die Heldendekonstruktion durch die Inszenierung seines wahnsinnsgesteuerten Amokmordes an Frau und Kindern, nachdem er die Familie durch seine Rückkehr nach Theben in letzter Sekunde vor dem Ritualmord des Tyrannen Lykos gerettet hat, findet die klassische Bearbeitung durch Euripides in seinem *Herakles* (*Herakles mainomenos*), aufgeführt ca. 416 v. Chr.

10 Bei Apollodor heisst der König der Stadt Keyx; laut Ovid (*Metamorphosen* 11.410–748) bildete er mit seiner Gattin Alkyone das ideale Liebespaar. Als er in einem Sturm umgekommen war, sehnte sie sich lange inniglich in Tag- und Wachträumen nach ihm, bis sie schliesslich von der Katastrophe erfahren musste, heftig klagte und Selbstmord beging. Deianeira könnte aufgrund ihrer psychischen Verfassung den nämlichen Weg gehen. Doch ihr Mann Herakles ist in den *Trachiniae* vor allem in seiner erotischen Veranlagung gezeigt, weswegen der Mythos einen ganz anderen Verlauf nimmt.

chen Liebeseskapaden ummäntelnden patriarchalen Selbstdarstellungssystems zu versetzen.[11] Die innerpsychische Verfassung und die Lügen in Kauf nehmende Rücksichtnahme auf die sensible Frau prägen die narrative Aufbereitung, weshalb die folgende Analyse grossen Wert auf die Herausarbeitung von Deianeiras psychischer Verfassung legt. Neben ihren Gefühlen und inneren Beweggründen müssen die von der Gesellschaft vorgegebenen Zwänge und Rollenerwartungen beleuchtet werden, die auf die formale Gestaltung der Aufbereitung des mythischen Stoffes rückwirken. Es stellt sich also folgender für Sophokles überraschender Befund ein: Der vermeintliche Klassiker, der sonst angeblich sämtliche dramatischen Vorgaben nach Aristoteles, Racine und Hegel erfüllt und den ästhetischen sowie theatralen Erwartungen des 19. und 20. Jahrhunderts in vorbildlicher Weise Genüge leistet, weist plötzlich ähnlich wie Aischylos und insbesondere wie der radikale sophistische Neuerer Euripides Risse und Brüche auf. Die Leser sowie bald die ersten Besucher von Inszenierungen auf der modernen Bühne, die in klassizistischer Manier von der Tragödie dramatische Zuspitzungen und nach Hegel eine ‹Kollision›, einen Konflikt von grundsätzlich gegensätzlichen Positionen, erwarten, können nicht umhin, den *Trachinierinnen* Mängel zuzuschreiben.

Ganz anders sind die Voraussetzungen heute im postdramatischen Zeitalter.[12] Zudem liefert die neuere Forschung zur Kognition, zur psychischen Verfassung, zu Emotionen, zum Trauma sowie zur konkreten Rolle von Frau und Mann in der athenischen Gesellschaft eine bisher unbekannte Grundlage, die

---

11 Heiden 1989 brachte diese Züge mit einer rhetorisch-sophistischen Strategie des Autors Sophokles zusammen; später deutet er die Inkongruenzen, als sei das Stück eine Allegorie für die Haltung des Zuschauers, der laufend die wahren Zusammenhänge zu rekonstruieren versuche («A Fable of Fact-Finding»); vgl. Heiden 2012, 132–136.

12 Vgl. Bierl 2010.

Figuren in der dramatischen Zuspitzung tiefer zu verstehen sowie die angeblichen Mängel, Unklarheiten, Inkonsistenzen und Brüche in der Darstellung des Stoffes angemessen zu würdigen. Wie in der Analyse herausgearbeitet wird, erweisen sich die Risse und nur schemenhaften Andeutungen, die durch wiederholte, aber erneut eigenartig unbestimmte Verweise auf Prophezeiungen des Endes und mit Vorbestimmungen des Schicksals untermalt werden,[13] als Teil einer dramaturgischen Strategie. Sie stehen in Funktion zur politischen, gesellschaftskritischen und psychisch-emotionalen Vorgehensweise der theatralen Umsetzung der in den *Trachiniae* verhandelten Diskurse und Figuren.

## Diptychonstruktur und Heldendemontage

Weiterhin trugen in der Vergangenheit die Diptychonstruktur, die für die frühen Stücke des Sophokles typisch ist, und die totale Demontage des männlichen Superhelden zum schlechten Image der *Trachinierinnen* bei. Die drastische Zweiteilung, die zuerst die sehnsüchtig auf den verschollenen Gatten wartende Deianeira in den Mittelpunkt rückt und danach den Blick auf den untreuen Heimkehrer Herakles richtet, der elend an dem Begrüssungsgeschenk zugrunde geht, wirkt für manche archaisch und ungelenk. Die Eheleute treffen an keinem Punkt in direktem Dialog aufeinander, was als dramatisches Defizit empfunden wurde. Doch erkennt man dabei nicht, dass beide im Spiel engstens miteinander verzahnt sind und ein Teil jeweils erst durch den anderen beleuchtet wird. Wie in der Analyse gezeigt wird, sind der Mann und die Ehefrau gerade durch die für beide Geschlechter äusserst fragwürdige, geradezu toxische Liebeskonstellation miteinander auf fatale Weise verstrickt, die nicht nur individuell-psychologisch, sondern auch gesellschaftlich begründet ist. Ein Schlagabtausch der Eheleute im offenen

13 Vgl. Bowman 1999; Segal 2000.

Dialog miteinander würde diesen Effekt vielmehr zerstören. Zudem wird das Faktum, dass beide Figuren auf fast paradoxe Weise über die Mechanismen des Eros aufeinander bezogen sind, dadurch verstärkt, dass nach der theatralen Konvention der nämliche Protagonist, also der erste Schauspieler, nach Deianeiras Abgang in den Selbstmord und ihrem Ausscheiden die Rolle des leidenden Herakles übernimmt.

Helden werden nach der Gattungskonvention der attischen Tragödie grundsätzlich dekonstruiert und verzerrt dargestellt, wobei Herakles hier freilich als besonders problematisch gezeigt wird. Von einer wirklich beunruhigenden Ausnahme kann keine Rede sein, wenn man nur an Aias, Ödipus oder Herakles im gleichnamigen Stück des Euripides denkt. Zudem bleibt Herakles' bekannte Apotheose auf dem in der Nähe von Trachis liegenden Berg Oita zwar jenseits der Handlungsgrenze, aber am Horizont erkennbar. Der griechische Held ist grundsätzlich zwiespältig. In der Tragödie wird dieser problematisierende Zug noch verstärkt. In den *Trachinierinnen* wird Herakles, die Verkörperung des griechischen Heroentums und der Musterheld schlechthin, zweifelsohne vor allem negativ gezeichnet, doch ist sich das Publikum zugleich stets auch seiner positiven Wirkweisen bewusst.

Die Ambivalenz gehört zum Wesen des Helden wie seine Prüfungen und Leiden, die in seinem unvermeidlichen Tod als letztem Agon unvorstellbarer körperlicher Pein münden.[14] Denn nur durch den Tod kann man zum Kult-Heros werden. Dem Superhelden steht eine besondere Prüfung an, die ihn exzeptionell die Grenze vom Helden zum Gott überschreiten lässt. Durch den Feuertod am Berg Oita geht er als Gott in den Olymp ein. Das fatale, vermeintlich mit Liebeszauber präparierte Kleid, mit dem Deianeira den in ein anderes Mädchen verliebten Herakles

---

14 Vgl. Brelich 1958/2010; Nagy 2013; Bierl 2022. Zum Helden in den *Trachinierinnen* vgl. Fuqua 1980 und Papadimitropoulos 2008.

zurückgewinnen möchte, lässt sie ihm als Gegengabe in der Logik des Gabentausches als Opfergewand zukommen.[15] Damit leitet die ihrem Gatten ebenbürtige Gattin jedoch in der paradoxen Logik des Mythos letzten Endes die Apotheose des Helden ein.[16] Sowohl die Gabe als auch das Resultat der Handlung sind ambivalent, da das schlimme Ende im Feuertod zugleich die Erhöhung zum Gott zur Folge hat. Hinter diesen schrecklichen Entwicklungen stehen Aphrodite beziehungsweise die Verstrickungen in eine fatale Ordnung der Liebe. Diese ist Ausdruck von gefährlichen Rollenerwartungen und Verhaltensmustern der beiden Geschlechter in einer patriarchalen Gesellschaft.

Die Geschichte der tragischen Verwicklungen ist rasch erzählt: Deianeira musste erkennen, dass ihr Mann die vorausgeschickte, wunderschöne junge Kriegsgefangene Iole zur Zweitfrau machen möchte. Das bildhübsche Mädchen ist der Ausgangspunkt der gesamten Katastrophe. Aufgrund seiner toxischen Männlichkeit und erotischen Begierde zu Iole führte Herakles gegen ihren Vater Eurytos Krieg und machte Oichalia dem Erdboden gleich. Deianeira wird sich plötzlich ihrer Lage bewusst und möchte ihren Mann für sich zurück. Da erinnert sie sich an das Elixier, das ihr der sterbende Kentaur Nessos einst anempfahl, als er beim Übersetzen über den Fluss Euenos nach einem sexuellen Übergriff für diese Tat vom Pfeil des Herakles tödlich getroffen wurde. Herakles hatte Deianeira kurz davor in einem Brautwettkampf bei ihrem Vater Oineus gegen ein anderes Flussungeheuer namens Acheloos gewonnen, das sie in ihrer jungfräulichen Unversehrtheit schrecklich bedrohte. Der Held war gerade mit ihr auf dem Heimweg, als er sich beim Überqueren des Euenos, der ebenfalls als Flussgott und Sohn des Ares vorgestellt wurde, in Bezug auf seine Frau der Hilfe des geilen Mann-Pferdes Nessos versicherte. Das Blut um die Wunde, so

15 Vgl. Wohl 1998, 3–56.

16 Vgl. Holt 1989.

flüsterte Nessos im Sterben Deianeira ein, solle sie als Zaubermittel in einer Phiale für den Fall aufbewahren, dass sie sich einst einmal nicht mehr Herakles' Liebe sicher sein würde. Mit Magie könne sie ihn erotisch an sich binden.

Deianeira, die nach dem Wortsinn ‹Männermörderin› heisst, hat in ihrer persönlichen Not das Kleid unwissentlich (oder doch wissentlich?) mit dem Gift der Hydra bestrichen. In der Anordnung einer «kosmischen Bakteriologie» führt dies nach Jan Kott zu einer fatalen «Zirkulation der Gifte».[17] Herakles, das Ungeheuer maskuliner Sexualität, hatte einst das Monster der Hydraschlange im Zivilisationskampf besiegt und seine tödlichen Pfeile mit deren Gift präpariert, mit dem er Nessos, ein anderes Scheusal, das sich als solches gerade durch seinen sexuellen Übergriff an Herakles' neuer Frau erweist, erlegte. Damit fällt nun das Monströse der überwunden geglaubten Vorzeit auf ihn selbst zurück. Der in seiner Männlichkeit problematische Superheld geht im wahrsten Sinne des Wortes an seinem toxischen Verhalten zugrunde, das sich im sich als Gift herausstellenden Zaubermittel stofflich konkretisiert.

Im Wort *pharmakon* ist die Ambivalenz von Heilmittel und Gift und der Umschlag ins Gegenteil impliziert. Herakles' Form des Eros ist in seiner Triebhaftigkeit eine ansteckende Seuche,[18] mit der er seine Frau infiziert. Der griechischen Kultur sind romantisierende Liebesvorstellungen fremd, sondern Eros wird stets als Krankheit (*nosos*) verstanden. Sophokles verarbeitet dieses Konzept zu einem Drama. Herakles' Art der sexuellen Unterwerfung erwidert Deianeira in der Folge also mit ihrer Form der Liebe, die sich im Symbol des verzaubert-vergifteten Unterkleids verdichtet, als verätzender Krankheit. Die angeb-

---

17 Kott 1975, 101–125, bes. 112–113.

18 Zum Eros vgl. Parca 1992; Mattison 2015; Catenacci 2024, bes. 93–100; zu Eros als *nosos* vgl. *Trach.* 455; 544 und Holt 1981; Ryzman 1993; Blanco 2020.

lich magische Zauberkraft des Geschenks, mit dem sie ihren Mann verzweifelt an sich fesseln möchte, offenbart sich als an der Haut festklebendes Tuch. Letztlich kann der panhellenische Heros nur mittels Deianeira, die er mit seiner toxischen Begierde erotisch an sich band, sein mit seinem Mythos essenziell verbundenes Ende finden, das jenseits der Handlung zu seiner Vergöttlichung führt. Die Demontage und Verhandlung des Heldenstatus sind, wie schon betont wurde, keineswegs singulär, sondern spielen ebenso im *Ödipus auf Kolonos* und *Aias* eine bedeutende Rolle.

## Weitere Punkte des Anstosses

Unter den Punkten, an denen die Öffentlichkeit ebenfalls vielleicht noch in der Vergangenheit in Bezug auf die *Trachinierinnen* Anstoss empfand, sind zu nennen:

1. das Thema Eros und die drastische Darstellung der Verstrickung in die Liebe;
2. die sexualisierte und körperzentrierte Umsetzung, also die medizinisch-physiologische Zumutung;
3. die Ausstellung des Leids samt exzessiver Klage eines männlichen Superhelden, der damit nach seiner eigenen Vorstellung verweiblicht;
4. das Märchenhafte und Primordiale der Szenerie;
5. die Tatsache, dass eine Frau mit Zaubermitteln die dramatischen Verwicklungen einleitet und dass über zwei Drittel der Handlung das weibliche Wesen ins Zentrum rückt. Seit man dann mit feministischen Ansätzen das Stück las, wurde gerade der Frau angelastet, dass sie sich nicht in einer Selbstermächtigung von dem Treiben ihres rücksichtslosen Gatten emanzipiere, sondern in exemplarischer Weise die weibliche Verstrickung in die patriarchale Ordnung repräsentiere,
6. die Behandlung der Religion. Ein Superheld und der Götterapparat werden zwar thematisiert, zumal der Held in den

> Olymp aufgenommen werden wird, doch stehen hier die Götter mehr als sonst bei Sophokles im totalen Abseits und sind in ihrem Treiben arg heimtückisch gezeichnet. Aphrodite und Eros agieren als üble Mächte. Zeus kann ausserdem als oberster Gott seinem Schützling, den zudem Hera verfolgt, nicht beistehen. Die Ferne der Götter, die im Hintergrund das schreckliche Geschehen leiten, erscheint einem vom christlichen Denken kommenden Zeitalter der Aufklärung und klassischen Moderne entsetzlich fremd. Doch hat sich längst die Erkenntnis durchgesetzt, dass sowohl die griechischen Götter als auch die Helden grundsätzlich ambivalent und nie rein gütig sind. Ferner trägt neben ihrem Walten der Mensch in der Tragödie stets selbst für sein Handeln die volle Verantwortung.

Die Gattung der attischen Tragödie verstärkt grundsätzlich sämtliche widersprüchlichen, antiaffirmativen Tendenzen durch die ihr eigene Perspektive der Hinterfragung und Problematisierung. Selbst wenn man Sophokles' Innovationsleistung anerkannte, dass er in den *Trachinierinnen* schon sehr früh eine Frau ins Zentrum rückte, vermisste man dann angesichts der Familienstruktur den im weitesten Sinne politischen Bezug, den öffentlichen, alle Bürger angehenden Diskussionsbeitrag, der gerade für die Sophokleische Tragödie so charakteristisch ist. Es muss also im Folgenden unter anderem gefragt werden, worin die politische Dimension der *Trachiniae* besteht.

## Die Aktualität der *Trachinierinnen*

Kurzum, in der Vergangenheit blieb dieses Stück in seiner Radikalität oft unverstanden und traf auf die falschen Erwartungen. Bei Sophokles stürzte man sich gerade bei modernen Wiederaufführungen auf die *Antigone* und den *Ödipus Tyrannos*, auf die man allerlei aktuelle politische und psychologische Diskurse projizierte. So wirkmächtig beide Figuren, gerade auch unter den neuen Bedingungen von der Rückkehr des Kriegs in Europa, immer noch sind, haben sich ihre reichen Rezeptionsmöglichkeiten in mancher Hinsicht doch allmählich erschöpft. Selbst nachdem man ihre psychopathologische Disposition – Antigones inzestuöse Todessehnsucht und Ödipus' tyrannisches Wesen, das sich im Vatermord, Inzest mit der Mutter, aber auch in der laufenden Verdrängung und Angst vor Verschwörung äussert – einmal verstanden hat, bleiben die weiteren Deutungsräume begrenzt.[19]

Daher sehnt man sich nach neuen, unverbrauchten Stoffen des Meistertragikers. Die *Trachinierinnen* als die am meisten unterschätzte und vernachlässigte Sophokleische Tragödie bieten sich für Neuinszenierungen geradezu an. Im gesamten Altertum und in byzantinischen Zeiten waren die *Trachiniae* sehr beliebt. Sonst wären sie nie in die Auswahl der sieben besten Stücke des Sophokles gelangt, die über die mittelalterliche Handschriftentradition vollständig auf uns gekommen sind. Angesichts neuer Gegebenheiten und Diskurse erhalten *Die Frauen von Trachis*, die notorisch geringgeschätzt wurden und in der Moderne eher ein Aschenputteldasein fristeten, plötzlich ungeahnte Aktualität. Gerade alle Eigenheiten, die im 19. und frühen 20. Jahrhundert Stein des Anstosses waren, treffen heute auf ein hohes Mass an Aufmerksamkeit.

Zahlreiche Aspekte der Handlung der *Trachinierinnen* bieten heutigen Lesern und Theaterbesuchern die Möglichkeit, Bezüge zu gegenwärtig in der Gesellschaft vorherrschenden Debatten, Themen und Strömungen herzustellen. Hier seien neben anderen beispielsweise genannt:

---

19 Zu Antigones Todessehnsucht vgl. Lacans *Seminar* VII (1959–1960) = Lacan 1992, bes. 241–287, Deutsch: Lacan 1996/2016, 293–370 (Kap. 19–21); vgl. Bierl 2017. Zu Ödipus als Tyrann vgl. Gentili 1984; Edmunds 2002; Catenacci 2012.

1. der Fokus auf die Psyche eines hypermaskulinen Helden und einer Frau in den Zwängen einer traditionellen patriarchalen Ordnung, d.h. die Perspektivierung auf eine an das Haus gebundene Frau im Exil sowie auf einen Mann auf seinen Eroberungszügen in der Fremde;
2. die zur psychischen Disposition der Sehnsucht und Begierde dazugehörigen Spiel- und Darstellungsweisen;
3. die Wirkkräfte des Eros und das Wesen des griechischen Liebesdiskurses als Krankheit (*nosos*);
4. die Demontage des Heldentums im Geflecht einer polytheistischen Götterwelt angesichts überall neu aufkommender Heldenmythen;
5. Überlegungen zur Epistemologie und zur juristischen Verantwortlichkeit – es geht nämlich um das zu späte Erkennen und um die Frage der Vorsätzlichkeit oder naiven Unschuld;
6. Tendenzen der lügenhaften, beschönigenden und verzerrenden Mitteilung von Tatsachen in Zeiten von *Fake News* und *Alternative Facts*;
7. die Ambivalenz des magischen *philtron/pharmakon* zwischen Heilmittel und Gift in einer zirkulierenden Anordnung;
8. die extreme Körperlichkeit in der performativen Ausstellung der Liebe und des Leids.

## Gender, Patriarchat und Psychologie der Liebe

Die *Trachiniae*, die die menschlichen Verwicklungen in einer Kernfamilie besonders aus der häuslichen Perspektive einer vernachlässigten Frau darstellen, stellen kurzfristig die soziale und politische Ordnung Athens infrage, die auf einem traditionellen Geschlechterverhältnis und einer patriarchalen Sexualordnung basiert.[20] Dadurch bietet sich auch der zeitgenössischen Philo-

---

20 Vgl. Wohl 1998, 3–56; Ormand 1999, 36–59; Seferiadi 2022.

logie und dem modernen Theater die Möglichkeit, Theorien der Gender-, Emotions-, Kognitions- und Gewaltforschung und Psychologie für die Deutung fruchtbar zu machen. Gerade auf der modernen Bühne können dabei Bezüge zu aktuellen Debatten und Diskurse hergestellt werden.

Die Aufteilung in die nach Genderrollen getrennte Sphären von Oikos (Haus) und Polis bzw. Krieg greift Erwartungen im athenischen Publikum auf und spiegelt sich in der sozialen und politischen Wirklichkeit Athens im fünften Jahrhundert v. Chr. wider. Zugleich ergibt sich der Transfer auf Debatten zur Geschlechtergerechtigkeit, zum Patriarchat und zu Genderfragen in der heutigen Gesellschaft. Unter dem Zeichen des laufend die Ordnung transzendierenden Gottes Dionysos – die Dramen wurden bekanntlich an den Dionysien und im Rahmen der weiteren Zeremonien und Feierlichkeiten aufgeführt, die man insgesamt als Ausnahmefest zu verstehen hat – schuf sich die Polis einen Freiraum und die Gelegenheit, Probleme und Differenzen, die das Zusammenleben bedrohen, vor einem Grossteil der im Theater versammelten Bürgerschaft auf der Folie des Mythos zu diskutieren. Kurzfristig können auf der Bühne zentrale Säulen der Ordnung kollabieren sowie im Alltag unverbrüchlich geltende Normen und gültige Verhaltensweisen zur Debatte gestellt werden. Damit eröffnet sich selbst nach den Aufführungen die Chance, Fragen und vor allem strittige Punkte, die das Leben aller Bürger betreffen, zu reflektieren sowie Spannungen und gegebenenfalls Missstände abzubauen.

Die *Trachinierinnen* zeigen die Auswirkungen einer patriarchalen Ordnung unter den extremen Bedingungen einer archaisch-märchenhaften Vorzeit auf das Gefühlsleben einer Frau, die unter dem Zerrbild der Herrschaft des Männlichkeitswahns und des griechischen Heldentums zu leiden hat und gleichzeitig den stets Abwesenden inständig liebt. In dieser Welt besitzt die Frau nur den Status eines Objekts, das man als Mann für die Ehe gewinnt. Ein eigener Raum als Subjekt ist ihr eigentlich nicht zugestanden.[21] Deianeira hat in ihrem Bereich des Hauses die Rolle der liebevollen Ehefrau und Mutter zu erfüllen. Schon der erste Kontakt mit männlichen Freiern hat bei Deianeira traumatische Folgen. Die moderne Traumaforschung in Bezug auf erlittene Gewalt konnte zum besseren Verständnis der inneren psychischen Verfassung der Protagonistin einiges beitragen.[22]

Deianeira lebt in einer märchenhaft-archaischen Welt, in der Frauen in Kämpfen, sogar massiven Kriegen, erobert und unter das Joch der Ehe geführt werden. Sie selbst sind bei den Kämpfen lediglich verängstigte und unbeteiligte Objekte. Sie erleiden sexuelle Gewalt und Übergriffe. Verständlicherweise prägen diese traumatischen Erfahrungen ihr Leben. In der Ehe verinnerlichen die Frauen dann die patriarchale Ordnung. Man sehnt sich nach dem Mann, der notorisch abwesend ist, und idealisiert ihn. Untreue deuten sie als Gefahr für ihren privilegierten Status und als Ehrverlust. Als einziger Ausweg bleibt lediglich, den Gatten aus Eifersucht an sich zu binden.

Für das tiefere Verständnis des in Hinsicht auf das Seelenleben so reichen Stücks können einige psychoanalytische Erkenntnisse von Siegmund Freud und Jacques Lacan Entscheidendes beitragen. In Bezug auf die Fokussierung auf das Haus (*oikos*) liefert Freuds Theorie des Unheimlichen einen Anknüpfungspunkt.[23] Das Haus, das Heim und damit alles Heimliche, das für Deianeiras Verhalten bestimmend ist, ist für sie sowohl heimelig, also das vertraute Umfeld, an dem sie hängt, als auch das Verborgene, das dann mit dem Unheimlichen zusammenfällt. Alles, was ein Geheimnis in sich trägt und dann doch ans Licht kommt, ist nach Freud unheimlich. Das

---

21 Vgl. Zeitlin 1996, 341–374, bes. 347, 350, 359; Wohl 1998, 3–56; Seferiadi 2022; Catenacci 2024.

22 Weiberg 2018 und 2024, 68–104.

23 Freud 1919.

trifft auf das Zaubermittel zu, das Deianeira in einer Schatulle im dunkelsten Winkel ihrer Gemächer verbirgt und dann in ihrer Not zur Anwendung hervorholt. Angst, die Wiederholung von Mustern, Vorahnungen, Prophetien, Aberglauben und die Zuschreibung an verborgene, übernatürliche Kräfte erscheinen nach Freud allesamt unheimlich. Schliesslich kann man alles Verdrängte, das im Trauma wieder aufbricht, mit dem Konzept assoziieren. Dies trifft auf der atmosphärischen Ebene mit dem Onirischen, dem Traum, dem Archaisch-Vorzeitigen und Märchenhaften zusammen, in das die mythische Handlung gebettet ist. Trotz der in manchem gleichzeitig fast bürgerlichen Zeichnung der Figuren läuft in dieser Märchenwelt alles nach einer unheimlichen Logik ab. In Einklang mit der psychischen Stimmung der Angst und verdrängter traumatischer Erfahrungen sind aus der Perspektive Deianeiras ihr Dasein als Ehefrau und Herakles' mythische Welt der heroischen Zivilisierung in phantasmagorische Szenarien der Gewalt, des Monströsen und Primordialen verzerrt.

Neben dieser Dimension des Unheimlichen kann man in Bezug auf die Wirkweisen des Liebesdiskurses, der der Handlung zugrunde liegt, Jacques Lacans Einsichten fruchtbar machen. Der Pariser Psychoanalytiker und Philosoph verortet im Gegensatz zu Freud das Subjekt-Sein im Es, wobei er von einer Spaltung und grundsätzlichen defizitären Struktur des Subjekts ausgeht.[24] Den exzentrischen Zustand verbindet Lacan im Sinne des *linguistic turn* mit Ferdinand de Saussure und Roman Jakobson. Das Ich konstituiert sich demnach auf der Basis von Signifikantenreihen über die Supplementarität von Zeichen im tropologischen Spiel von Metapher und Metonymie.[25] Man befindet sich in einem Zustand des kontinuierlichen

24 Lacan 1956 (1966, 417).

25 Jakobson 1971, bes. 258, Bezug nehmend auf Freud 1900; vgl. Lacan 1957 (1966, 511).

Gleitens der Bedeutungsebenen, eines «glissement incessant du signifié sous le signifiant».[26] Gerade das im onirischen Schwebezustand sich befindende Subjekt des Liebenden unterliegt demnach der Sprache, und erst im Verweisspiel von Zeichen entsteht Sinn. Jakobson assoziierte die für den Traum typische Arbeit der Verdichtung und Verschiebung mit den paradigmatischen und syntagmatischen Achsen der Sprache, die in den Formen von Metaphorik und Metonymik die sprachliche Fiktion bestimmen.[27] Nach ihnen funktioniert zudem das besondere, fast magisch zu bezeichnende Verweisspiel von zirkulierendem Gift, Eros und Tuch.

Das begehrende Subjekt ist der Träger eines unablässigen Mangels, wobei man die Lücke im Subjekt durch eine Reihe von Objekten klein a (*objets petit a*) aufzufüllen versucht. Das eigentliche Objekt, nach Lacan das Ding, bleibt im Begehren unerreichbar. Das Imaginäre, oder auch Phantastische in einer Traumatmosphäre, dient uns als Schirm vor dem unfassbaren Realen des Traumas. Das Verlangen ist zugleich in paradoxer Weise mit dem unbewussten Anderen verknüpft und dadurch nur intersubjektiv fassbar.[28] Deianeiras erotische Sehnsucht richtet sich demnach eigentlich nicht auf Herakles, sondern basiert auf seinem gesellschaftlich definierten, weitgehenden unbewussten Begehren nach anderen Frauen. Es ist also «das Begehren des Anderen», von dem sie ihre eigene erotische Sehnsucht bezieht.[29] Im Dreieck mit Iole wird dieser Schwebezustand auf der Bühne erfahrbar. Als schweigende Trophäe der Schönheit ist Iole gewissermassen das Andere, zu dem Deianeira sich selbst hingezogen fühlt und von dem sie unbewusst das ungestillte, exzessive Begehren übernimmt, was zur Katastrophe führt.

---

26 Lacan 1957 (1966, 502).
27 Jakobson 1971, bes. 258.
28 Lacan 1956 (1966, 417).
29 Lacan 1964 (1966, 852).

Die *Trachinierinnen* lassen sich als exemplarische Tragödie über das nach Genderrollen getrennte Verhalten von Mann und Frau in Bezug auf Liebe und Begehren interpretieren. Herakles jagt als ‹Womanizer› dem Ding, der unerreichbaren Frau als solcher nach, wobei er die Lücke mit diversen Eroberungen von immergleichen schönen jungen Frauen füllt, die nach Lacans Diktion nur jeweils als *object petit a* fungieren und für ihn praktisch lediglich als Phantasma vorkommen. Wie die zahlreichen Liebschaften ist Iole mit Deianeira nahezu identisch und nur Glied in einer Kette von erotischen Objekten. Herakles muss dementsprechend Omphale in Lydien als erotischer Sklave dienen, da er längst Iole verfallen ist und dafür alle Regeln und Normen bricht. In seiner wahnsinnigen Rache dafür, dass Eurytos ihm Iole versagte, machte er selbst vor Mord und Totschlag nicht halt und stiess Iphitos, Ioles Bruder, von der Mauer in Tiryns. Dies war selbst Zeus zu viel, weshalb er seinen Sohn mit dem einjährigen Sklavendienst unter der lydischen Frau bestrafte, der wiederum nur Herakles' erotischen Zustand des masslosen Begehrens versinnbildlicht.

Deianeira ist im Erotischen nach einer anderen Logik des Begehrens, des *pothos*, *himeros* und *eros*, strukturiert, was Lacan *jouissement* nennt. In ihrer Einsamkeit verliert sie sich in sexuellen Tagträumen, malt sich in der Phantasie potenzielle Partner aus, unter anderen vielleicht auch Acheloos und Nessos, die ihr zugleich unheimlich sind. Doch schwelgt sie hier vor allem rückwärtsgewandt in erfüllten Liebesmomenten mit ihrem idealisierten Gatten am Anfang der Ehe, die sie damit in ihrer symbolischen Ordnung zum Teil unterläuft und zugleich bestätigt.[30] Durch die überstarke Sehnsucht (*pothos*) verschieben sich bei ihr die Dimensionen ins Phantasmagorische und Onirische, was sich in Sophokles' Darstellungsweise der Handlung niederschlägt. Die ersehnte Rückkehr (*nostos*) des Gatten paart sich bei

30 Lacan 1962 (1966, 731–736).

Deianeira mit der irrational gesteigerten Angst um diesen sowie um sich selbst, für den Fall, dass ihm etwas zugestossen ist. Das Warten auf den *nostos* gerät bei ihr zugleich im angstvollen Schwelgen zur Nostalgie, zum schmerzhaften Leiden im Sehnen nach ihm. Als Deianeira die Umstände um seine heftige Liebe zu Iole erfährt, die ihr der Gatte als Rivalin ins Haus schickt, greift sie zu den ihr adäquaten Methoden der Magie und des Aberglaubens. Damit versucht sie sich in ihrer träumerischen Weise seiner wieder zu bemächtigen und nostalgisch in die glückliche Anfangszeit ihrer Ehe zurückzuversetzen.

Seine Untreue und ihre diesbezügliche Enttäuschung verdrängt Deianeira dabei. Das Nämliche gilt für das Gefühl eventuell aufkeimenden Ekels bis hin zur Rache ihm gegenüber. Unwissend-wissend handelt sie rein, ohne Vorsatz, angesichts der Verdrängung vielleicht doch auch im Wissen um die Gefahr und die Folgen mit gewisser Absicht. Die Geschichte spielt sich für beide im Imaginären ab, wobei die Tragödie dann aber als sprachliches Produkt in der Sphäre des Symbolischen steht. Die Phantasien und Ausdrucksweisen von Herakles und Deianeira stehen in ihrer Zeichnung also im Kräftefeld zwischen Freud und Lacan, zwischen dem Unheimlichen, der Verdrängung und dem Trauma sowie zwischen dem phallischen und weiblich-geniessenden Begehren (*jouissement*).

Liebe, Schmerz, Trauma, Gewalt, Körperlichkeit, Triangulation und das Begehren des Anderen kommen in dieser Tragödie zusammen und vereinigen sich mit der unheimlichen Macht der Magie. Dazu passt die verwirrende Erzählweise, in der die zeitlichen Ebenen durcheinander gehen und man im Geschehen immer wieder neu einsetzt. Das Unheimliche, das Unbewusste und das Andere wirken auch über die Orakel, die sich in einem Netz von Beziehungen über das Geschehen stülpen, wobei die Bedeutung, das Signifikat, unaufhörlich unter den göttlichen Zeichen als Signifikanten gleitet. Der Mensch ist diesem unbestimmten Feld der Zeichengebung ausgesetzt und tappt im

Dunklen. Erst nachdem die Katastrophe eingetreten ist, kommt die Bedeutung viel zu spät ans Licht.

Liebe ist hier kein romantisches Gefühl, das zu einem Happy End führt, sondern wie in der griechischen Kultur üblich als eine Krankheit, als eine krankhafte Triebstruktur zu verstehen. Zugleich ist Eros hier, wie noch im Einzelnen zu besprechen gilt, an gesellschaftliche Faktoren gekoppelt.[31] Der moderne Versuch, Deianeiras Verhalten ethisch zu bewerten und dahinter einen umfassenden Charakter zu erkennen, ist von vornherein zum Scheitern verurteilt. Wie im Fall der Liebeskonzeption muss man sich vor der vorschnellen Gleichsetzung mit modernen Vorstellungen hüten. Seit der Aufklärung ist Charakter mit den Kategorien der selbstbewussten Identität eines Ichs (Descartes) und einer dem freien Willen unterliegenden moralisch handelnden Persönlichkeit (Kant) oder mit tieferliegenden Psychologismen (Freud) verbunden. Nach den psychologischen und naturalistischen Erklärungsexzessen hat Tycho von Wilamowitz-Moellendorff in seiner 1917 abgefassten Dissertation zu Sophokles der Tragödie jegliche Charakterzeichnung abgesprochen. Vielmehr gehe es bei den Auftritten der Figuren einzig und allein um den dramatischen Effekt.[32] Erst nach 1980 setzte eine starke Gegenbewegung ein, so dass man gerade im angelsächsischen Bereich wieder gern von dramatischen Charakteren spricht, die allerdings nicht Personen des Lebens abbilden, sondern in kondensierter Form eher in idealtypischer Form mit der mythischen Handlung Hand in Hand gingen.[33] In dieser Diskussion steht Aristoteles' Behandlung der Problematik in der *Poetik* Pate. Handlung und Charak-

---

31 Catenacci 2024, bes. 93–100; zu den *Trachinierinnen* als «a tragedy of sex» vgl. Winnington-Ingram 1980, 73–90, bes. 75.

32 Wilamowitz-Moellendorff 1917, 89–164.

33 Vgl. Goldhill 1986, 168–198; Heath 1987, 115–123; Pelling 1990; bes. Easterling 1990; Seidensticker 2008.

ter bedingen sich demnach wechselseitig, wobei allerdings die qualifizierte Tat der Ausbildung eines Charakters vorausgeht, sie diesen gewissermassen durch die Aktion immer neu aktualisiert.

Noch weiter kommt man, wie wir sehen werden, mit der in der Kognitionsforschung entwickelten *Theory of Mind*.[34] Zudem ist erneut die gesellschaftliche Einbindung der Figuren von zentraler Bedeutung. Christopher Gill hat in der Frage der Charakterbestimmung mit seinem 1996 erschienenen Buch *Personality in Greek Epic, Tragedy, and Philosophy* mit dem objektiv-partizipierenden Ansatz das Entscheidende gesagt.[35] Ein Mensch agiert zwar durchaus auf der Grundlage von Vernunft, allerdings müssen die Beweggründe dem Bewusstsein des Handelnden nicht immer voll und ganz zur Verfügung stehen. Als *zoon politikon* definiert sich der Mensch nicht als völlig unabhängiges Subjekt, sondern stets im Kontext sozialer Erwartungen und Normen. Wie die gesellschaftliche Gebundenheit an Rollen und Voreinstellungen das Handeln der Hauptfiguren beeinflusst, wird in der genauen Analyse deutlicher.

## Sophokles' Arbeit am Mythos

Schon in frühen Zeiten gab es wohl ein mündlich tradiertes Heraklesepos, auf das die homerische Tradition Bezug nimmt. Neben Erwähnungen einiger Taten thematisiert die *Ilias* das zentrale Faktum des menschlichen Daseins, die Sterblichkeit. An einer bedeutenden Stelle (18.117–119) betont Achill, um die Verbitterung über den Tod seines geliebten Gefährten Patroklos irgendwie zu verschmerzen, dass selbst der Superheld Herakles, der Zeus besonders am Herzen lag, sterben musste, weil es so vom Schicksal bestimmt war und Hera in ihrem Zorn dies einforderte. Auf Herakles' Apotheose nimmt die *Odyssee* Bezug

34 Vgl. Budelmann/Easterling 2010 und Budelmann/Sluiter 2023.
35 Gill 1996.

(11.602–603), ähnlich Hesiod (*Theogonie* 954) und der Verfasser des homerischen *Herakles-Hymnos*. In dem bis ins 5. Jahrhundert v. Chr. Homer zugerechneten *Kyklos* findet sich die *Oichalias Halosis*, die man dann Kreophylos aus Samos (7./6. Jhd. v. Chr.) zuschrieb und in der die Geschichte um Iole sicher vorkam (bes. fr. 1–3, 5 Bernabé). Die Heraklessage wurde ebenso breit in den Heraklesepen des Peisander von Rhodos sowie des Peisinos (7./6. Jhd. v. Chr.), schliesslich des Panyassis aus Halikarnass (5. Jhd. v. Chr.) behandelt, wo zudem die Ereignisse der *Trachinierinnen* abgedeckt sind. Archilochos (fr. 286–290 West) streifte in seiner elegischen Dichtung den Kampf zwischen Acheloos und Herakles und die versuchte Vergewaltigung Deianeiras durch Nessos.

Besonders aussagekräftig ist ein erst 1962 publizierter Papyrusfund aus dem Hesiod zugeschriebenen *Frauenkatalog*, auch genannt *Ehoien* (fr. 25.14–33 Merkelbach-West). Hier werden Deianeira, Lichas und Hyllos genannt. Vor allem wird Deianeiras innerer Zustand bei der Präparation des Gewands als Verblendung beschrieben. Mythenfaktisch bereitet das den Vorgang vor, wie er bei Sophokles erzählt wird. Doch könnte damit auch Deianeiras Tat als bewusste List gezeichnet gewesen sein. Zu Sophokles' Lebzeiten erwähnt die Geschichte Pindar (besonders fr. 249a Snell-Maehler); vor allem liegen die Synthesen des Stoffes bei Bakchylides (*Epinikion* 5, bes. v. 165–175 und insbesondere *Dithyrambos* 16, bes. v. 13–35 Snell-Maehler) vor, die weitgehend mit den Fakten der *Trachiniae* übereinstimmen.[36]

Zusammenfassend lässt sich nur mehr schwer feststellen, was Sophokles' eigene Leistung bei der Gestaltung war und welches Element er, falls überhaupt, hinzuerfand. Mit Sicherheit lässt sich kaum sagen, ob er Nessos' perfide Täuschung eingefügt hat, um damit Deianeira als ganz und gar unschuldig erscheinen zu lassen. Selbst wenn alles schon vorgegeben gewesen sein

---

36 Easterling 1982, 15–19; Davies 1991, xxii–xxxvii; Seferiadi 2022, 11–22.

sollte, besonders durch Bakchylides, muss Sophokles in den *Trachiniae* auf alle Fälle, bedingt durch den Wechsel in die andere Gattung, dramatisch alles sehr viel detaillierter aufbereitet haben, um diesen Effekt zu erzielen.

Ein Mythos liegt stets in diversen Varianten vor. Es scheint sehr wahrscheinlich, dass sowohl bereits allen Dichtern vor Sophokles als auch insbesondere ihm selbst stets eine archaische Version vor Augen stand, in der eine gefährliche Amazone, die das Vernichten von Männern schon im Namen trägt (*Dei-aneira*),[37] kaltblütig ihren Gatten tötet. Im traditionellen Mythos wird das Schreckensszenario gern betont, in literarischen Fassungen scheint es schon abgeschwächt worden zu sein. Sophokles arbeitet in beide Richtungen. Wie Gesthimani Seferiadi betont, ist Sophokles bemüht, das ursprüngliche und wilde Material zu zähmen, indem er die Amazone in das zivilisierte Milieu eines bürgerlichen *oikos* versetzt, der an die Situation Athens im 5. Jahrhundert v. Chr. erinnert.[38] Zugleich, so meine These, nutzt Sophokles die gattungsspezifische dionysische Perspektive, die Verzerrung in Szenarien der Gewalt und des Mords, um hinter der idealen und reinen Herrin des Hauses sowie edlen Liebenden das Phantom der Gattenmörderin präsent zu halten. Durch die leichte Ambiguisierung gelingt es ihm, einen möglichst wirksamen dramaturgischen Effekt der Spannung und des Unheimlichen zu erzielen.

Die Ambivalenz und das Zusammenfallen der Gegensätze sind für Dionysos charakteristisch. Der Umschwung von hoffnungsvoller Erwartung zur Katastrophe wird oft mit dionysischen Symbolen untermalt, um diesen im Zeichen des Theatergotts gerade durch den Kontrast zu steigern. Wie zu zeigen sein

---

37 *Dei-aneira* von δηϊόω und ἀνήρ, epischer Akkusativ ἀνέρα; vgl. die linguistische Form des die Amazonen bezeichnenden Epithetons ἀντιάνειρᾰ, ‹sich gegen Männer stellend›.

38 Seferiadi 2022, 20–41.

wird, spielt das Dionysische in den *Trachiniae* insbesondere für die Peripetie, die in der Beschreibung der Präparation des Kleides mit dem Pharmakon und in dessen Übergabe an Lichas verortet ist, eine grössere Rolle.[39] Obwohl der Text Deianeira entlastet, bleibt an manchem Punkt doch ein Spalt für die Möglichkeit offen, dass sie vielleicht doch zu einem gewissen Grad aus Vorsatz handelte und das Risiko des Todes ihres Gatten zumindest in Kauf nahm. Die mythische Amazone der uralten Tradition ist zwar in die Polis integriert sowie gemäss den Normen der Genderrollen des klassischen Athens ins bürgerliche Haus und in den der demokratischen Ordnung zugrunde liegenden Verhaltenskodex gebannt. Doch spielt die Geschichte im Vergleich zum athenischen Zentrum in den zivilisatorischen Randgebieten Aitoliens und Thessaliens, im gefährlichen Land des Anderen,[40] und vor allem in den mythisch-archaischen Zeiten, als Herakles, Deianeiras Mann und der Zivilisationsheld schlechthin, die Welt erst von den Ungeheuern säubern muss. Sophokles' «Arbeit am Mythos» besteht also darin,[41] neben allen Zivilisierungsbemühungen im Stoff all diese Spannungen und Diskrepanzen offenzuhalten. Im Zeichen des Dionysos kollabiert bezeichnenderweise im Stück die Fassade der Zivilisation sowohl bei der Frau als auch beim Mann.

## Problematisierendes *Close-Reading*

Das Zusammenspiel der zahlreichen Aspekte in einer besonders wirkungsvollen dramatischen Komposition kann man nur in einer genauen Analyse des gesamten Stücks erfassen. Indem im Folgenden immer wieder die entscheidenden Intentionen, psychischen Dispositionen und gesellschaftlichen Faktoren der ein-

---

39 Zu Dionysos in der Tragödie vgl. Bierl 1991, zu den *Trachinierinnen*, 135–136.

40 Zeitlin 1986.

41 Blumenberg 1979/2021.

zelnen Figuren im Zusammenspiel diskutiert werden, ergibt sich ein tieferes Verständnis der *Trachinierinnen*.

## Deianeira in angstvoller Sorge um ihren Mann

Im Prolog (1–93) setzt Deianeira mit ihrer intensiven, eigentlich zunächst nur ans Publikum gerichteten Eingangsrede (1–48) ein, in der sie zunächst nach einem alten, unter anderem bei Solon verwendeten Sprichwort die Lebensweisheit zitiert,[42] dass niemand vor dem Tod abschliessend sein Leben beurteilen könne. Sie aber wandelt es in ihrer Sorge, Angst und Depression ab, indem sie schon vorher das endgültige Fazit ihres Lebens als Frau zu ziehen vermag (1–4). Denn bei ihr ist es ausschliesslich gleichzusetzen mit Unglück und Leid, seitdem sie das Haus ihres Vaters verliess, also ihr unbeschwertes Dasein als Mädchen aufgab und verheiratet wurde. Hier wird gleich ein Schlüsselmotiv angesprochen, das sogenannte Lebensgefühl der Ephemerität, der Ausgesetztheit der Menschen gegenüber dem Walten der Götter, die ihnen in einem Auf und Ab ihren Teil zuweisen. Täglich können die Olympier das Los verändern, und insbesondere der Göttervater Zeus ist mit seinem Willen für alle Schicksalsschläge im Positiven wie im Negativen verantwortlich. Zugleich wird Deianeira sich in ihrer negativen Einschätzung täuschen. Denn was ihr an diesem Tage an Leid zustösst, kann sie sich zu diesem Augenblick noch nicht vorstellen.

Deianeira berichtet dann entsetzt vom Trauma des Brautwettbewerbs in ihrer Heimat Pleuron, von den furchtbaren Übergriffen des sich in der Gestalt wandelnden Flussgottes Acheloos, dem sie ausgeliefert gewesen wäre, hätte Herakles das Monster nicht besiegt und sie erobert.[43] Ihre Schönheit, das Ziel eines jeden adeligen griechischen Mädchens, ist Grund ihres

42 Solon bezieht sich darauf im berühmten Gespräch mit Kroisos, Herodot 1.32.5.

43 Zum Trauma vgl. Weiberg 2018 und 2024, 68–104.

Unglücksschicksals. Jeder Mann begehrt Deianeira wegen ihrer strahlenden Erscheinung, offenbar auch der Superheld Herakles, der sie nun anstelle des ungewünschten Horror-Freiers in die Ehe führte. Unbeteiligt sass Deianeira beim Kampf dabei, der um sie als Wettpreis geführt wurde. Nicht einmal als Zuschauerin konnte sie dem Geschehen beiwohnen. Sie musste ihre Augen abwenden, da alles für sie zu entsetzlich war. Hier wird bereits klar: Die Tragödie behandelt die Ehe als ein patriarchales Transaktionsgeschäft zwischen Häusern (*oikoi*), vom Haushalt des Vaters zu dem des Gatten. Wie Victoria Wohl betont, wird Deianeira als Frau lediglich als Objekt betrachtet. Denn sie besitzt kaum Möglichkeiten, sich als Subjekt zu verwirklichen. Das Stück öffnet ein Fenster in diese Richtung. Das Ansinnen endet jedoch tragisch, da gesellschaftlich dieser Weg eigentlich versperrt ist.[44]

Deianeira ist die idealtypische Frau, die die patriarchalen Werte verinnerlicht hat und ganz in ihrer Genderrolle aufgeht. Sie kümmert sich aufopferungsvoll um das Haus und die zahlreichen Kinder, während ihr Mann seine Bestätigung nur ausserhalb sucht und aufgrund seiner Heldenmission durch Abwesenheit glänzt. Herakles erobert dabei als notorischer Frauenheld stets neue Objekte seiner Begierde. Wie Kirk Ormand auf der Basis von Eve Kosofsky Sedgwick herausgearbeitet hat,[45] geht es Herakles jedoch nicht um eine echte liebevolle Verbindung, sondern hauptsächlich um die Steigerung des eigenen Prestiges unter seinen männlichen Konkurrenten durch den Gewinn von Trophäen, die durch Schönheit hervorstechen. Dieses homosoziale Bindungsverhalten lenkt das Interesse im Extremfall eigentlich auf die erotische Anziehung bei den männlichen Vertretern

44 Vgl. Wohl 1998, 3–56, bes. 17–37.
45 Sedgwick 1985.

der nämlichen Altersklasse in der Aristokratie und nicht auf das Begehren, das dem anderen Geschlecht gilt.[46]

Durch Erziehung ist die griechische Frau sozialisiert, sich ganz den gesellschaftlichen Erwartungen an das weibliche Genderrollenverhalten zu fügen. Dementsprechend verhält sich auch Deianeira nur wie ein Objekt: Sie wirbt nicht selbst um einen Partner, sondern sie wird mit der Zustimmung des Vaters umworben. Die Welt ihrer Jugend in dem väterlichen Haus ist in einer vorzeitigen Märchenexistenz lokalisiert.[47] Der entscheidende Übergang von der idyllischen Mädchenwelt zum Frausein in der Vermählung mit einem Mann bedeutet für sie eine dramatische, sogar traumatische Erfahrung. Daher brennt sich ebenso Acheloos als Freier in seinem zwischen schrecklichen Tierformen und einer Flussgestalt changierenden Wesen wie ein Albtraum in Deianeiras Gedächtnis ein. Aus dieser entsetzlichen Situation rettet sie damals der heldenhafte Märchenprinz Herakles, der die schöne Trophäe für sich zu gewinnen trachtet und einen schrecklichen Kampf mit dem Ungeheuer aufnimmt. Sie ist von vornherein extrem ängstlich und passiv, doch die Angst um den um sie ringenden vermeintlichen Retter, der notorisch Monster besiegt und die Welt zivilisiert, steigert nochmals ihre Erfahrung des Traumas, das auch später aufgrund ihrer Isolation und verzweifelten Lage im Sehnen nach dem lange Zeit abwesenden und so sehr vermissten Gatten immer wieder in ihrem Inneren lebendig wird.

Diese Situation führt bei Deianeira zu einem grundsätzlichen Missverständnis. Sie glaubt, ihren neuen Gatten wirklich zu lieben, zumal das Leben mit ihm in der Fremde nun Sicherheit, Schutz und weiterhin Ansehen verspricht. Liebe ist also hier ständig mit Deianeiras gesellschaftlicher Position und ihrer

46 Ormand 1999, 36–59.

47 Parca 1992.

Genderrolle verbunden.[48] Deswegen ist es falsch, Deianeira als modernes liebendes weibliches Individuum und ihren Charakter nach naturalistischen Vorstellungen des 19. Jahrhunderts zu bewerten. Wie gesehen, ist der Charakter im Epos und in der Tragödie stets zugleich eingebettet in eine soziale Stellung und gesellschaftliche Erwartungen, die sich in Handlungen umsetzen.[49] Zugleich werden diese Stereotypen in der spezifischen dionysischen Verzerrungstendenz auf der Bühne kurzzeitig in Frage gestellt, diskutiert und verhandelt. Deianeira verwechselt also die eheliche Beziehung mit Herakles mit wirklicher Liebe.

Diese Ehe bedeutet jedoch, wie Deianeira selbst klar erkennt, bis zum jetzigen Zeitpunkt, dem Beginn der tragischen Ereignisse, ebenfalls nur Leid. Permanent war sie in grosser Angst um den Gatten, der für seine heroischen Unternehmungen eigentlich immer nur fern von der Familie unterwegs war. Auch jetzt härmt sie sich um ihn und sehnt sich nach dem schon lange Zeit Abwesenden, von dem es kein Lebenszeichen gibt. Schon spitzt sich die Zeit durch den anstehenden Termin einer vorhergesagten Entscheidung zu (43–48). Rätselhafterweise wird sich das hier zum ersten Mal angedeutete Orakel nie ganz auflösen, selbst wenn sein Inhalt durch wiederholte Referenz im Laufe des Stücks immer weiter entfaltet wird. Herakles hinterliess ihr, wie Deianeira sagt, ein Schrifttäfelchen (*deltos*, 47), auf dem er offenbar seine falsche Deutung einer Frist fixiert hat (76–85). Wie sich erst in der nächsten Szene herausstellen wird, steht darauf, dass sich nach fünfzehn Monaten entscheide, ob Herakles nach erfolgreicher Rückkehr ein glückliches Leben befreit von den Leiden führen könne oder ob er dieses Mal seinen Tod finde (vgl. 155–174). Schriftlichkeit ist in der Tragödie stets ein problematisches Medium der vermeintlichen Sicherheit. Für Deianeira ist die Tafel ein böses Omen, ein Objekt der

48 Vgl. Ormand 1999, 38–45.

49 Gill 1996.

anhaltenden Sorge, die sich durch die Zuspitzung des zeitlichen Rahmens immer weiter steigert.[50]

Die eigentlich gar nicht angesprochene, aber zufällig anwesende Amme empfiehlt, doch wenigstens den Sohn Hyllos – er ist der Einzige aus der genannten Kinderschar, der eine Rolle spielen wird – loszusenden, um etwas über den Verbleib seines Vaters zu erfahren (49–60). Im Dialog mit der Mutter (61–93) stellt sich heraus, dass er durchaus mehr weiss: Er berichtet nämlich, dass Herakles nach dem Sklavendienst bei Omphale – die Strafe für den Mord an Iphitos, Ioles Bruder, der schon Herakles' Liebeswahnsinn andeutet, steht symbolisch für die absolute erotische Unterwerfung unter eine Frau in der Fremde – in Oichalia Krieg führt. Es hat zunächst fast den Anschein, als wäre der junge Mann auf tieferer Ebene Komplize des Vaters, indem er dessen Unternehmungen lange Zeit deckte. Als Hyllos dann von der Mutter von dem Spruch der drohenden Frist erfährt, die sich noch dazu just auf den Kriegseinsatz an dem nämlichen Ort in Euboia bezieht, macht er sich entsetzt auf, um nach Herakles zu suchen (86–91). Das Ziel seiner Existenz erfülle sich dort, so steht es auf der Tafel. Wenn der Held die letzte Prüfung erfolgreich bestehe, könne er in Zukunft ein glückseliges, unbeschwertes Leben führen (79–81). Die Lage spitzt sich also auf dramatische Weise immer weiter zu. Dort und in wenigen Augenblicken, so meint Deianeira, stehe alles auf dem Spiel, ob alles für Herakles gut oder schlecht ausgehe. Vielleicht könne der Sohn dem Vater in etwaiger Not noch zu Hilfe kommen.

Die Situation entspricht dem Eingang der homerischen *Odyssee*. Deianeira erscheint als eine zweite Penelope, die sich grämt, sorgt und sehnt nach der Rückkehr des Gatten. Als Sinnbild der idealen Ehefrau, die ganz in der Genderrollenerwartung

---

50 Zur Verbindung der schriftlichen Niederschrift des Orakels mit dem Einschreiben traumatischer Ereignisse in das Gedächtnis vgl. Weiberg 2018, bes. 27–29.

aufgeht, bleibt sie passiv, klagt und weint viel. Bei Homer gibt es ebenfalls eine, wenn auch ziemlich unbestimmte Frist: nämlich wenn dem Sohn Telemach der Flaum wachse, dann kehre Odysseus wohl nicht mehr zurück und Penelope könne sich neu verheiraten (*Od.* 18.269–271).[51] Hyllos entspricht deutlich Telemach, der in der Suche nach dem verschollenen Vater ebenfalls eine Initiationsreise unternimmt. Beide sind Epheben, Jünglinge auf dem Übergang zum vollwertigen Mann.[52] Auch in den *Trachiniae* geht es um eine drohende Wiederverheiratung, doch hier im eigenen Haus und nicht von der Ehefrau mit einem Freier, sondern vom Gemahl mit einer neu eroberten Liebschaft, die er zu Hause als junge Nebenfrau installieren möchte. Die Basis des Stücks und der Dramatik ist mit dem Prolog gelegt.

Der Chor der jungen Mädchen aus Trachis,[53] wo die Familie im Exil untergekommen ist, zieht in der Parodos (94–140) ein. Dieser etwas prekäre und isolierte Status vertieft die Sehnsucht Deianeiras nach ihrem Gatten. Die Mädchen bespiegeln den Zustand der fremden Gastfreundin. Sie zeigen solidarisches Verständnis für den Kummer und die Sorge Deianeiras. Daher fragen sie zunächst Helios nach dem Verbleib ihres Mannes. Sie denken schon an die Meerenge, die Euboia von Thessalien trennt (94–102). Dann nehmen sie das Motiv des Freierkampfs um Deianeira auf und beschreiben sie so, wie einst auch Penelope sich charakterisierte, nämlich als eine klagende Nachtigall (103–111), die in ihrem Sehnen und ihrer Angst um den Mann sich verzehrt (*Od.* 19.515–534; siehe viertes Stasimon). Wie Penelope wird Deianeira bereits in ihrer Todessehnsucht als Gipfel des Ausdrucks ihres Schmachtens nach dem Abwesenden gezeich-

51 Vgl. Hölscher 1988, 49–55.

52 Vgl. auch Wohl 1998, 11–16; Seferiadi 2022, 127–134.

53 Daher sollte Τραχίνιαι (Lateinisch *Trachiniae*) nicht mit *Die Frauen von Trachis*, sondern besser mit *Die Mädchen von Trachis* wiedergegeben werden.

net. Dies gehört bekanntlich zur Topik der Liebeslyrik. Im zweiten Teil (112–140) überschreiten die noch relativ unreifen Mädchen den Horizont in Richtung zum Bürgerchor. So äussert die Gruppe nun mittels allgemeiner Weisheiten über den kosmisch garantierten Wechsel von Auf- und Niedergang Vertrauen in die gerechte Regentschaft der Welt durch Zeus, der den Verschollenen retten wird. Deshalb kritisieren sie deutlich die Hoffnungslosigkeit der im Schmerz zurückgezogenen Deianeira. Das Motiv des Schicksalswechsels unter dem lenkenden Willen des Göttervaters wird damit erneut betont.[54]

## Das Orakel und die Zuspitzung der krisenhaften Situation durch die Frist

Im ersten Teil (141–204) des ersten Epeisodions (141–496) weist Deianeira dann überraschend die Solidarität der Chormädchen zurück. Im unbekümmerten Zustand eines Mädchendaseins, eines nach den Genderkategorien noch nicht definierten, daher im Neutrum ausgedrückten Status als «Junges» (νεάζον, 144), hätten sie in der Idylle einer beschützten Welt noch keine Ahnung, was der entscheidende Schritt der Hochzeit bedeute.[55] So liefert Deianeira eine beklemmende Analyse des Schicksals einer griechischen Frau, die nach dem Übergang von einer sorglos-idealisierten Jugend zur Ehe in einer patriarchalen Ordnung ein Leben der Angst führt. Einerseits ist dies ein überspitztes, aber zum Teil durchaus treffendes Urteil zur Rolle der Frau in Athen, andererseits projiziert Deianeira ihre individuelle Stimmungslage der Verzweiflung, ihren aufgrund des Traumas depressiven Zustand der Angst, generalisierend auf alle Frauen. Nochmals wird auf die vom Orakel vorbestimmte Frist hinge-

54 Davies 1991, xix.

55 Zur Tendenz zur Selbstisolation von Traumaopfern vgl. Weiberg 2018, 32–33. Zur solipsistischen Redehaltung von Deianeira, der in ihrem Objektstatus Hörer fehlen, vgl. auch Nooter 2012, 71 und 77.

wiesen, wobei sie nun den Mädchen die genaueren Umstände dieses Götterspruchs als den für sie noch unbekannten Grund der Verzweiflung vorlegt (155–174):

Denn als zu seiner letzten Fahrt der Herr
aufbrach vom Hause, Herakles, da liess
er eine alte Tafel hier bei mir, beschrieben
mit Zeichen, wie er früher sie mir nie,
wenn er in viele Kämpfe zog, zu zeigen über sich gewann.
Nein, etwas Grosses zu vollbringen, brach er jeweils auf, nicht rechnend mit dem Tod.
Jetzt aber, so als wär er schon nicht mehr,
verfügte er, was ich als Witwengut erhalten sollte und bestimmte, welchen Teil
vom väterlichen Land er übertrage seinen Kindern.
Als Zeit hat er zum Voraus festgesetzt, dass er,
wenn er drei Monde und ein Jahr, nachdem er ging, dem Land fernbliebe,
entweder sterben müsse dann zu jener Zeit,
oder, wenn er überschritte diese zielgesetzte Zeit
er künftig nun ein Dasein fristen werde ohne Leid.
Dies, erklärte er, sei von den Göttern so verhängt,
als Ende für des Herakles Strapazen,
wie es die alte Eiche zu Dodona einst
verkündet durch die beiden Tauben, sagte er.
Nun ist genau die Zeit, da dieses Götterworts
Erfüllung unfehlbar eintreten wird, und so entscheiden muss es sich.

Das Zeusorakel in Dodona gab Herakles also eine Weissagung, wohl bevor er nach Oichalia auszog. Diese leicht verrätselte Botschaft deutet er falsch, er könnte bei diesem Unternehmen scheitern und ums Leben kommen, was mit dem Ende seiner zivilisatorischen Mühen zusammenfalle. Daraufhin legte er sein Testament auf dieser Grundlage schriftlich auf einer Schreibtafel nieder, die er seiner Frau beim Aufbruch übergab. Die Botschaft ist in mehreren medialen Stufen vermittelt: zuvorderst Zeus selbst, dann die alte Eiche, die wiederum mittels der Tauben verkündet, schliesslich hört es Herakles, der es Deinareia übermittelt. Die Deutung des Eventualfalls seines Ablebens, das Schicksal sei also offen in zwei Richtungen, übernimmt Herakles offenbar auf seiner Niederschrift.[56] Doch die Diktion des «Lebens ohne Leid» lässt offenbar gar keine Option offen, sondern sagt allein seinen Tod und damit die Apotheose am Oita voraus, also ein Leben im glücklichen Dasein eines zum Gott erhobenen Helden.

Die falsche Deutung schreibt sich somit ebenso ein in die Frau, in ihren mit ihrer seelischen Konstitution verbundenen Körper. *Deltos* ist die Schrifttafel, aber zugleich der weibliche Unterleib, das Zentrum Deianeiras psychisch-erotischen Zustands.[57] Aufgrund der fälschlichen Interpretation drückt sie nun in ihrer Vereinzelung nur noch die Sorge um die Entscheidung des Schicksals. Sie ängstigt sich, dass genau jetzt sich zeigen wird, ob Herakles sterben oder mit ihr sorglos weiterleben werde. Zeus, so wird bekanntlich der Schlusssatz mitteilen, ist der Ausgangspunkt aller Entwicklungen. Der Wille des Zeus beinhaltet jedoch, dass Herakles sein Ende nach dieser erotischen Eroberung der Stadt und der Frau Iole finde und in den neuen Zustand übergehe. Die Menschen, insbesondere Deianeira als letztes Glied in der Informationskette, machen daraus eine dramatische Krisis einer unmittelbar bevorstehenden Entscheidung auf Leben und Tod. Dies trägt bei der ohnehin schon traumatisch geprägten Frau zur gesteigerten Furcht und Panik bei. In Gefahr sind dabei ihre Position und ihr Schutz. Denn der Fortbestand ihres Oikos und das Wohlergehen ihrer ganzen Kinderschar stehen auf dem Spiel.

---

56 Zum Orakel vgl. Wilamowitz-Moellendorff 1917, 116–133; Bowman 1999; Segal 2000; Armoni 2001, 68–77.

57 Ormand 1999, 52–55, bes. 52–53.

## Die überraschende Ankündigung der Ankunft des Herakles

Da kommt ein Bote als Vorhut des offiziell als Herold fungierenden Lichas und meldet, Herakles sei am Leben und befinde sich schon auf der Heimkehr (178–199). Er habe dies am Markt von Lichas gehört, der noch von der neugierigen Masse, die nach Information giere, umringt sei, aber bald eintreffe. In für Sophokles typischer Weise kippt also die Stimmung von Verzweiflung in Jubel, nur um danach mittels des Kontrasts umso heftiger den Weg in die Katastrophe zu markieren. Mit einem ekstatischen Freudentaumellied als Einlage, einem sogenannten Hyporchema (205–220 bzw. 224), bestehend aus Anrufungen an diverse Götter, die in einem Schrei auf den Theatergott Dionysos gipfeln, vermittelt der Chor die euphorische Stimmung, um das Publikum danach umso jäher das kommende Unheil nachempfinden zu lassen (216–220):

Ich schwebe empor und verstosse nicht
die Flöte, o meines Herzens Gebieter!
Da sieh! stürmisch bewegt mich –
euoi! –
der Efeu, der mich herumwirbelt jetzt
zu bakchisch verzücktem Tanz.

Der Chor bezieht sich auf die musikalische Begleitung und sein eigenes Tun, den Tanz und Gesang in der Orchestra zu Ehren des Dionysos.[58] Das Hier und Jetzt der Aufführung in Athen verschmilzt mit der Handlung in Trachis. Ekstatisch ausgelassen scheinen die Mädchen im Tanz fast emporzuschweben und vom Boden abzuheben. Die schrille Begleitung des Aulos, der Flöte, stachelt dazu an. Die Flöte wird als Tyrann und Gebieter des Zwerchfells, des emotionalen Zentrums, apostrophiert – Gesang

58 Vgl. Bierl 1991, bes. 135–136.

und Tanz manifestieren sich gewissermassen im Gott Dionysos selbst, der somit epiphan wird. Man verweist deiktisch auf die aktuell praktizierte *choreia*: der schrille Klang und das Symbol des Gottes, der toxische Efeu, der sich ebenfalls windet und dreht, versetzen die jungen Frauen in die heftige, manisch-bakchisch wirbelnde Bewegung des Freudentaumels. Der Gott der Tragödie wird hier, wie auch sonst häufig bei Sophokles, zum heimlichen Akteur, in dem sich durch das für ihn charakteristische Zusammenfallen der Gegensätze der dramatische Umschwung, die Peripetie, zeigt.

### Lichas' erste Version der Ereignisse: Eroberung aus Rache für eine Ehrverletzung

Nach der Unterbrechung durch die kurze Choreinlage wird das erste Epeisodion fortgeführt (225–496). Da kommt endlich der offizielle Herold Lichas (227–235), begleitet von einer riesigen Gruppe von Frauen – es ist fast ein zweiter Chor –, die Iole anführt. Tatsächlich oder nur angeblich zur Schonung seiner Herrin, bemäntelt Lichas die erotischen Abenteuer seines Herrn mit einer verzerrten Version der Tatsachen, die zum Heldenbild passt (248–290): Herakles habe den Zug gegen Oichalia nach dem Jahr bei Omphale letztlich aus Rache an Eurytos durchgeführt. Grund seien dessen Beleidigungen im Bogenwettkampf und das, was er wegen seiner Reaktion gegen dessen Sohn Iphitos als Strafe erlitten habe, nämlich den Dienst bei der lydischen Königin Omphale. Nun, so fährt Lichas fort, bringe er schon einmal vor dem Eintreffen des Siegers als Vorhut kriegsgefangene Mädchen ins Haus.

Selbst der antike, ganz im Mythos verankerte Zuschauer, der wohl mehrheitlich nicht mit allen Verästelungen dieser etwas in der Peripherie spielenden Sage vertraut ist, wird ähnlich wie wir heute bei der Erzählung im Dunklen tappen. Im Prolog wurde man zumindest nicht wie bei Euripides in die Details eingeführt. Wie gesehen, war diese eigenartige Darstellung Grund für manche Kritik. Wir haben es bei Lichas' Bericht mit einem perspektivisch-rhetorischem Erzählen zu tun, das Zeitebenen vermengt und Zusammenhänge zerreisst, um den Kern zu verwischen und zu verschleiern. Ähnlich wie in der komplexen narrativen Anordnung im *Ödipus Tyrannos* wird hier nach dem Muster b-c-a-b-c erzählt.[59] Der Ausgangspunkt der Erzählung steht nicht am Anfang, sondern in der Mitte, wobei die Teile sich wie folgt aufschlüsseln lassen:

a = Iphitos: Sturz von der Mauer und Vorgeschichte 1
b = Folge: Sklavendienst bei Omphale und Vorgeschichte 2
c = Folge: Eroberung der Stadt Oichalia

Lichas kennt die psychische Konstitution seiner Herrin und möchte sie zunächst schonen. Herakles wird es ihm gar nicht aufgetragen haben, zumal er in der Heimführung Ioles gar kein Problem sieht. Eine wirkliche Trugszene ist es nicht, sondern diese erste Version der Zusammenhänge ist ebenso Teil der Wahrheit.[60] Herakles ist leicht in seiner Ehre zu verletzen. Sein Hang zur Ansammlung junger und schöner weiblicher Trophäen ist letztlich Ausdruck seines Geltungsbewusstseins. Er möchte Ansehen, *kleos*, gerade bei seinen männlichen Rivalen und Gegenspielern. Wenn Herakles nicht erreicht, was er will, wird er jähzornig und in seiner Rache exzessiv gewaltsam. Eurytos' Weigerung, seine Tochter Iole als Liebesobjekt Herakles zu überlassen, führt dazu, dass er Oichalia dem Erdboden gleichmacht.

Iphitos, Ioles Bruder, der eigentlich mit dem Entscheid seines Vaters Eurytos nicht einverstanden ist, bittet bei der Suche nach seinen entlaufenen Pferden um Aufnahme beim inzwi-

59 Zur Struktur im *König Ödipus* vgl. Flashar 1976.

60 Vgl. Ormand 1999, 45–49, bes. 47. Zur Szene vgl. auch Seferiadi 2022, 83–87; zur Szene als Lüge und Täuschung vgl. Parlavantza-Friedrich 1969, 25–31.

schen heimgekehrten Herakles in Tiryns, mit dem die Familie in Gastfreundschaft verbunden war. Doch dieser wirft Iphitos, als er von der erhöhten Festung den Blick in die Ebene schweifen lässt, aus Rache am Vater von der Stadtmauer. Die Hybris ist selbst seinem Vater Zeus zu viel, weshalb Herakles die entwürdigende Strafe erdulden muss. Die Versklavung unter einer Frau entspricht dem, was er in seinem grenzenlosen erotischen Verlangen nach weiblichen Zielen, gerade jetzt im Fall der Iole, ohnehin erleidet. Der manische Erotiker, dem es letztlich nur um die Ehre im homosozialen Beziehungsgeflecht geht, dreht sich selbst im Kreis und verheddert sich im Netz seiner Begierde. Umgekehrt geht Lichas auf die traumatisierte, depressive Konstitution der Adressatin Deianeira ein, die ebenfalls im Geflecht der Liebe gefangen ist. Zur Wahrung ihres Bildes von ihrem Ehemann blendet sie selbst gern die wahren Zusammenhänge aus und weist angesichts des masslosen Leids hinsichtlich zeitlicher Abläufe Störungen auf.

## Iole und Lichas' zweite Version: Eroberung aus Liebe

In ihrer Isolation schafft sich Deianeira instinktiv gewissermassen ein jüngeres Alter Ego, das exakte Spiegelbild, in Iole.[61] Die Frau als Objekt der Männer, die Beute, die verschoben wird, ist für Deianeira zugleich das Objekt der Empathie und des Mitleids. Sofort sticht ihr die Schönheit des jungen Mädchens ins Auge, weswegen sie schon kaum mehr auf Lichas' schwer zu folgenden Bericht hört. Die feinfühlige Deianeira empfindet augenblicklich Mitgefühl mit allen weiblichen Gefangenen, besonders gegenüber Iole, nach der sie sich erkundigt, jedoch keine präzise Antwort erhält. Iole ist bekanntlich eine schweigende Figur: in ihrem Leid ist sie eingefroren, selbst kann sie nichts sagen. Wäh-

61 Vgl. Weiberg 2018, 33–36; Seferiadi 2022, 51; zur Intersubjektivität zwischen den beiden Frauen vgl. Wohl 1998, 38–40.

rend Deianeira die anwesenden Chormädchen, die mit ihr Mitleid hegten und Trost gewährten, eben zurückstiess, identifiziert sie sich nun mit dem anderen Opfer (293–334).

Und hier schiebt sich ein weiteres Modell einer *nostos*-Geschichte über die bereits genannte *Odyssee*: Aischylos' *Agamemnon*, das Eingangsstück der berühmten Trilogie *Orestie.* Dort trifft man auf das Gegenbild der vorbildlichen Gattin Penelope, nämlich auf die monströse Klytämnestra, die den vom Troiazug heimkehrenden Gatten samt seiner mitgeführten Kriegsbeute Kassandra kaltblütig im Bad ermordet. Orest, die Kontrastfigur zu Hyllos, wird den Vater durch den Mord an seiner Mutter rächen. Kassandra, die sexuelle Beutesklavin, ist zunächst wie Iole ebenfalls stumm, doch bricht aus ihr bald ein Wortschwall hervor, der das kommende Schreckensgeschehen in rätselhaften Andeutungen und bald immer deutlicher antizipiert.

Nachdem Iole ins Haus abgegangen und Lichas zur Bewirtung ebenfalls weggetreten ist, wendet sich der Bote an Deianeira und eröffnet ihr, dass der Bericht des Lichas nicht der Wahrheit entspreche. Vorher habe er Lichas auf dem Marktplatz prahlen gehört, dass Herakles Oichalia nur wegen der Liebe zu Iole dem Erdboden gleichgemacht habe, weil der Vater sie nicht herausgeben habe wollen (335–374). Die Chorführerin meint in einem Ausdruck der Solidarität nur sarkastisch (383–384):

Verrotten sollen – nicht alle Schlechten,
doch wer da im Geheimen Arges treibt, hat es verdient.

Sie rät Deianeira zudem, Lichas ins Kreuzverhör zu nehmen, was dann erstaunlicherweise der Bote durchführen muss. Offenbar ist Deianeira dafür zu zart besaitet. Erst als Lichas sich weiter windet, schreitet sie ein und überführt ihn der Lüge. Vor allem macht sie Lichas klar (436–469), dass sie klug genug sei, sich der göttlichen Macht des Eros nicht zu widersetzen, da man nur verlieren könne. Schon in der Vergangenheit sei ihr Gatte notorisch untreu gewesen und nie habe sie einer anderen Frau deswegen Vorwürfe gemacht. Schon gar nicht werde sie dies Iole gegenüber tun, für die sie grösstes Mitleid empfinde. Deianeira zeigt sich als vollkommen rational überlegende und argumentierende Frau, die mit glasklarem Verstand ihre Emotionen unter Kontrolle hat. Einerseits erkennt sie die Ausweglosigkeit, gegen Eros einen offenen Kampf wie ein Boxer aufzunehmen. Gegen Eros als ungehemmte Naturmacht und zugleich Gott kann man nur den Kürzeren ziehen.

Andererseits sieht sie sich, wie gesagt, selbst in der jungen Fremden, da Schönheit auch ihr einst das Verderben brachte (465). Die traumatische Begebenheit der Verehelichung, vor allem der schreckliche Freierkampf um sie, lässt Deianeira nicht los. Die erste Begegnung mit dem anderen Geschlecht war für sie pure Gewalt. Dann erfolgte die Rettung durch den Helden, der ihr sofort verfallen war. Dies leitete das Ende des von ihr idealisierten Zustands des Mädchendaseins ein. Sie verliebte sich nämlich auf der Stelle in Herakles, was unweigerlich zur Hochzeit mit dem Eroberer führte. Diese setzt sie mit dem Verlust des jungfräulichen Paradieses gleich. Das Leben mit einem solchen Mann bedeutet danach nur Leid. Deianeiras Liebe, das Sehnen nach ihm, ebenso wie die jetzige Reaktion der rationalen Abwägung ist nicht zuletzt auch ihrer Einsicht geschuldet, dass sie durch das Leben mit diesem besonderen Mann Sicherheit – nicht nur für sich, sondern auch für ihre Kinder – und hohes Ansehen besitzt, was sie nicht einfach aufgeben kann.

Lichas ist angesichts der erstaunlichen Besonnenheit der Herrin beruhigt und gesteht, nicht vollkommen die Wahrheit gesagt zu haben (472–475):

Nun gut, o liebe Herrin, da ich klar erkenne,
wie du als Sterbliche das Sterbliche bedenkst und nicht Verstiegenes,
so will ich dir die volle Wahrheit sagen und sie nicht verhehlen.
Ja, so ist's, wie diese Frau erzählt.

Vor allem betont Lichas, er habe gelogen, nur um sie zu schonen. Deianeira solle Iole nun freundlich aufnehmen, da Herakles trotz zahlreicher Siege hier ganz seiner Leidenschaft erlegen sei. Darauf versichert Deianeira Lichas nochmals, die Krankheit nicht steigern zu wollen, indem sie sinnlos einen Kampf gegen Götter, insbesondere Eros und Aphrodite, aufnehme. Zuletzt kündigt sie bereits eine Gegengabe an, die Lichas Herakles überbringen solle (492–496):

> Doch gehen wir hinein
> ins Haus, damit Aufträge du in Worten überbringst,
> und da mit Gegengaben Gaben man vergelten muss,
> du auch solche mit dir nimmst. Denn nicht mit leeren Händen darfst
> du ziehn, da mit so grosser Schar du hergekommen bist.

Darin steckt schon die berühmte dramatische Ironie, da Deianeira es tatsächlich ihrem Gemahl mit einer sich als tödlich herausstellenden Gegengabe heimzahlen wird. Das Verhältnis der Reziprozität im Gabentausch ist mit Herakles' Affront eigentlich pervertiert.[62] Doch Deianeira nimmt das Geschenk des schönen Mädchens als ihr Spiegelbild, mit dem sie sich identifiziert, in ihrer ersten abwägenden Reaktion und angesichts ihrer spezifischen psychischen Konstitution tatsächlich als Gabe für sie persönlich und das Haus an. In der Logik der Reziprozität stellt sie ganz in Einklang mit dem aristokratischen Kodex und der ihrer Genderrolle angemessenen Ergebenheit ein Gegengeschenk für ihren Gatten in Aussicht. Dieser Mechanismus wird Auslöser der Katastrophe werden.

---

62 Vgl. Wohl 1998, bes. 23–29. Zur Verkettung mit der falschen Reziprozität der Zusammenstellung der Fakten durch Lichas vgl. auch Seferiadi 2022, 87–92.

## Liebe und Eifersucht: Deianeiras Stimmungswechsel und ihr Mittel des Liebeszaubers gegen die Rivalin

Während Deianeira nach dem passenden Geschenk für ihren Geliebten sucht, stimmt der Chor der Mädchen das erste Stasimon an (497–530). Treffenderweise singen die Mädchen von der unbezwinglichen Macht der Kypris-Aphrodite. Verzichten wollen sie, dies anhand der Götter zu zeigen. Denn dies wurde gewissermassen schon im Homerischen Aphroditehymnos erzählt. Eigentlich müssten sie jetzt auf das konkrete Beispiel ihrer Altersgenossin Iole blicken. Doch da Deianeira so viel von ihrem Trauma berichtete, dem Anfang ihres Leids (9–17), nehmen die Jungfrauen aus Trachis nun lyrisch die mythische Geschichte der brachialen Auseinandersetzung zwischen Acheloos und Herakles auf und schildern lebendig den erbitterten Kampf um sie als Braut. Man fokussiert auf das Begehren der Männer, das schöne Objekt unter das Ehejoch zu bringen. Beide Freier zeugen von archaischer, manischer und nahezu dionysischer Gewalt. Der Flussgott kann sich wie Dionysos in einen mächtigen Stier verwandeln, der dazustossende Herakles wird damit charakterisiert, dass er aus dem «bakchischen Theben» (510–511) kommt. Das Verlangen beider ist heftig und ungestüm. Interessanterweise sitzt just Kypris dabei in der Mitte und führt Regie mit dem Stab. Manche wollen hier sogar eine phallische Anspielung auf die Bedeutung lesen, dass sie gewissermassen den Stab hält und anstachelt.[63] Im heftigen Ringkampf verschmelzen die männlichen Gegner zur einheitlichen Leibmasse. Ihr homosoziales Ringen um das Objekt der Begierde gleitet nahezu über in eine homosexuelle Vereinigung der Körper.[64] Deianeira, der Kampfpreis, mit schönem Blick und reizend-elegant (*habra*) wie sie

63 Janka 2004, 141–142.

64 Ormand 1999, 36–40.

ist,[65] sitzt abseits erhöht auf einer Art Feldherrnhügel (523–524). Eingangs berichtete Deianeira, dass sie selbst vor Angst nicht auf die Szene blicken konnte.[66]

Der Chor macht das damalige Geschehen sich selbst anschaulich. Zugleich führt er uns die Szene lebendig und in *enargeia* vor Augen: Deianeiras umworbenes Auge, das Organ, das wie üblich zur Vermittlung der Liebe durch liebreizende Blicke dient, bangt auf den Ausgang (527–528). Sie mag für den Helden schwärmen, doch muss sie sich als Objekt dem Sieger beugen, sei es dem Ungeheuer oder dem Übermenschen. Der traumatische Übergang bedeutet die Trennung von der Mutter und dem elterlichen Haus. Dementsprechend wird Deianeira am Ende treffend mit einem verlassenen Kälbchen verglichen, das seiner Mutterkuh entrissen worden ist (529–530). Die Hochzeit, so betont auch der Chor, ist der schreckliche Einschnitt, das Ende der behüteten, sorglosen Existenz im jungfräulichen Dasein, das in der griechischen Kultur mit Metaphern des lieblichen Gartens symbolisiert wird.[67] Die Braut wird darin mit Vorliebe als junges, noch wildes Tier, bevorzugt als Fohlen, Reh oder Kalb, betrachtet, das vom Mann gezähmt und unter das Joch der Ehe gebracht wird. Die Chormädchen, die sich in Deianeiras damaligen Zustand bestens hineinversetzen können, da ihnen der *rite de passage* der Hochzeit selbst bevorsteht, verdeutlichen die gesellschaftlich vorbestimmten und nach den Geschlechterrollen unterschiedlichen erotischen Verhaltensweisen: Dem aggressiven Begehren des Mannes, der das Objekt der Begierde unterwerfen möchte, um wenigstens zum Teil auch Ansehen unter

65 Das Adjektiv *habra* nimmt deutlich Bezug auf Sappho, die es als Lieblingswort ἅβρος (zart, luxuriös) gebraucht: vgl. Sappho fr. 2.14, 25.4., 44.7, 84.5., 100, 128, 140.1 Neri.

66 Zu Deianeira als Zuschauerin vgl. Allen-Hornblower 2016, 94–170, zu dieser Szene 117–119.

67 Vgl. Parca 1992.

seinen Altersgenossen zu erlangen, steht das passive, schmachtende und ängstliche Abwarten der Frau gegenüber. Deianeira sehnt sich nach dem starken und attraktiven Mann, der sie gewinnt. Die Unterwerfung verwechselt sie dann mit Liebe.

Es folgt das zweite Epeisodion (531–632): Während des Lieds auf die Macht der Liebe hat sich Deianeiras Räsonieren radikal verändert, wie sie dem Chor verdeutlicht (531–587). Aphrodites Gewalt wird sich in der Folge auf der Bühne zeigen. Denn sie siegt immer. Erotisches Verlangen liegt, wie gesehen, sowohl bei Herakles als auch, in anderer Weise, bei Deianeira vor. Seine Reihe erotischer Eroberungen setzt er fort. Schliesslich geht er so weit, Iole, von der er völlig eingenommen ist, nun in sein Haus, also unter ein gemeinsames Dach mit Deianeira zu führen. Dies kommt fast einer zweiten Eheschliessung gleich.[68] Selbst Deianeiras erste Reaktion darauf und ihre rationale Lagebeurteilung sind letztlich von Liebe – wenn auch in einer anderen Form – bestimmt. Sie möchte nämlich auf keinen Fall Herakles ganz verlieren oder gar samt den Kindern aus dem Haus verjagt werden. Dies ginge nämlich zugleich mit dem Verlust ihres gesellschaftlichen Status und Ansehens einher. Jetzt hat sie aber eine andere Form der Liebe gepackt, die Eifersucht. Und sie möchte selbst um ihren Mann kämpfen, aber erneut nur mit Mitteln, die einer Frau zur Verfügung stehen. Im Hintergrund hat sie «mit den Händen zu einem Mittel gegriffen» (534). Noch wissen wir nicht, was sie ausgeheckt hat.

Zuerst wird sie erneut mit glasklarer Analyse ihre neue Lage vor den Chormädchen darlegen. Die Identifikation mit Iole hat ein Ende gefunden. Sie erkennt, dass das Mädchen keine Jungfrau mehr ist, sondern bereits von ihm zur Frau gemacht wurde – sie wurde unters Joch gebracht (536). Deianeira betrachtet Iole als eine Fracht, ein Stück belastender Ware, das sie selbst ins

68 Zum mehrfach gespiegelten Motiv der Ehe vgl. Rehm 1994, 72–83; Seferiadi 2022, 43–59.

Haus aufnahm. Letztlich ist sie davon angesichts ihrer bisher gezeigten inneren Haltung tief verletzt. Sie erkennt, dass nun zwei Frauen unter einem Mantel auf die sexuelle Umarmung warten (539–540). Das sei der Dank für ihren langjährigen vorbildlichen Dienst als Herrin des Hauses und Mutter der Kinder.

Die Reziprozität ist offensichtlich aus den Fugen geraten und sie wird auch in der Folge pervertiert.[69] Schon vor dem ersten Stasimon wies sie auf eine Gegengabe (494) hin, die das Geschenk der Iole aufwiegen könnte. Aber wie sollte diese geartet sein? Zürnen könne sie ihrem Mann, dem ‹Womanizer›, nicht, sie kenne ihn ja in seinem hyperaktiven Verlangen – nach der allgemeinen Vorstellung ist es eben eine Krankheit (*nosos*, 544). Doch zwei Frauen im selben Haus und Bett, das gehe zu weit. Sie ist sich im Klaren, dass sie gegenüber der jungen Iole nur das Nachsehen habe. Sex werde er nur noch mit der Jüngeren haben, ihr bleibe nur noch, dass er nach aussen und pro forma der Gatte sei.

Deianeira betont nochmals, dass sie als Kluge nicht aus Zorn im Affekt oder gar aus Rache handele. Doch ist sie trotz aller Rationalität nun doch von der Emotion getrieben, den Geliebten sexuell ganz allein an sich zu binden. Wenn die Biologie dagegenspricht, was bleibt dann? Deianeira verrät, was sie sich einfallen liess und was sie im Hintergrund schon eigenhändig vorbereitet hat: nur noch ein heimlich verwahrtes Elixier, ein magisches Zaubermittel könne helfen, den Mann erotisch ganz zu fesseln. Sie nennt es ein λυτήριον λώφημα, eine ‹erlösende Erleichterung› (554). Das Adjektiv *lyterion* veranschaulicht die Qualität, dass man etwas zu lösen vermag. Die Vorstellung der Lösung (*lysis*) findet sich ebenfalls im Zusammenhang des Dodona-Orakels [μόχθων … λύσιν, 1170–1171]. Ironischerweise ist mit dem Ausdruck λυτήριον λώφημα (554) die körperliche Zersetzung sowie die Beendigung des Lebens gemeint.

69 Vgl. Wohl 1998, 17–27; bes. Seferiadi 2022, 73–92, bes. 87–92.

Zunächst vermittelt Deianeira den Mädchen aus Trachis, wie sie zu dem Mittel gekommen ist (555–577).

Die Substanz erhielt sie als gefährliches Geschenk von einem Tier. Deianeira berichtet also von den aufwühlenden Ereignissen, unmittelbar nachdem Herakles sie im Kampf gegen den Flussgott Acheloos als Braut erobert hat. Alles geschah noch auf dem Weg des frisch vermählten Paars vom Haus des Brautvaters zum Heim des Gatten. Die genaue Ortsangabe, wo es liegt – wohl Tiryns auf der Peloponnes oder Theben – bleibt offen. Wir befinden uns im westlichen Mittelgriechenland in Aitolien. Der mächtige Acheloos fliesst ganz im Westen an der Grenze zu Arkananien und mündet in den Golf von Patras. Oineus, Deianeiras Vater, wohnt etwas weiter östlich in Pleuron in der Nähe des Euenosufers in Aitolien, wohin sich Acheloos offenbar begab.

Nachdem Herakles Deianeira im Freierkampf für sich gewonnen hat, kommt es unmittelbar nach dem Aufbruch des Brautzugs zu einem weiteren traumatischen Erlebnis an einem Fluss mit einem männlichen Ungeheuer. Offenbar ist alles erneut ihrer äusseren Attraktivität geschuldet. Beim Überqueren des Euenos holt sich Herakles, der für die Braut, gewissermassen seine neue Fracht, einen Träger anwirbt, den Kentauren Nessos zu Hilfe. Bekanntlich sind Kentauren Hybridwesen. Herakles ging voraus und ist schon am anderen Ufer angelangt. Da vergreift sich mitten im Fluss der geile Kentaur, halb Pferd, halb Mann, an Deianeira, die er auf den Schultern trägt. Sie schreit auf, der Bräutigam dreht sich um und jagt einen mit dem Hydragift versehenen Pfeil in Nessos' Brust und Lunge. Bevor der Kentaur stirbt, gibt er Deianeira ein Geschenk mit, das sie bei diesem Bräutigam vielleicht einmal brauchen könne. Sie solle das Blut um die Wunde auffangen, wo sich noch die «Brut der Lernaschlage» (574) finde. Dies wirke wie ein Zaubermittel für die Sinne des Herakles. Die magische Kraft bestehe darin, «dass er niemals eine andere Frau ansehen […] und mehr lieben» werde als Deianeira (576–577). Es handelt sich also um ein *philtron*, ein Liebeszauberpräparat, mit dem man sein Opfer erotisch an sich bindet. Solche Formen des psychagogischen Binde- und Heranführungszaubers (*katadesmos* und *agoge*) pflegten in der Lebenswirklichkeit meist Männer, um zu ihrem erotischen Ziel zu gelangen. In der literarischen und mythischen Phantasie wird Liebesmagie freilich gern von Frauen angewendet.[70] Zugleich ist, wie Deianeira selbst bestätigt, die Substanz der Hydra allein aufgrund der schwarzen Galle ein Gift.

*Pharmakon* ist in der griechischen Vorstellung stets doppelwertig und ambivalent. Es wirkt sowohl als Heilmittel als auch als Gift. Es kann also beides: nützen und schaden. In ihrer Naivität und Gutgläubigkeit nimmt Deianeira das Geschenk damals für den Fall des Falles an und verwahrt es im letzten Winkel des Frauengemachs. In der Logik des Gabentausches nach Marcel Mauss – hier in pervertierter Form – bekommt Nessos von Herakles ein negatives Geschenk, den Pfeilschuss, den er mit einer Gegengabe an Deianeira erwidert. Das vermeintliche Zaubermittel, das für die Situation als Heilmittel dienen soll, erweist sich als Gift. Darin steckt die Ambivalenz von *pharmakon*. Nur die falsche Dosierung kann schädigend sein.[71] Und tatsächlich ist es das Toxikum, mit dem sich Nessos über seinen Tod hinaus an Herakles rächen kann. Die naive Frau wird das Medium in dieser «Zirkulation der Gifte».[72]

70 Vgl. Graf 1996, bes. 158–171 und Faraone 1999. Der *locus classicus* in der griechischen Literatur ist die zweite Idylle des Theokrit, genannt *Die Zauberinnen*. Zum *pharmakon* und *philtron* sowie dem Liebeszauber der Deianeira und seiner Bewertung vgl. Armoni 2001, bes. 33–55.

71 Faraone 1994 beurteilt Deianeiras Tat lediglich als Fehler in der Bemessung.

72 Kott 1975, 101–125, bes. die Skizze (113), die die Involvierung von Herakles, Nessos, Deianeira und Iole in den toxischen Kreislauf veranschaulicht.

In ihrer Not erinnert sich Deianeira nun also des Mittels, weil ihr nach dem unablässigen Durchspielen des schrecklichen Brautkampfs der darauf direkt folgende traumatische Vergewaltigungsversuch auf der Heimführung in den Sinn kommt. Die phantasmagorische Erfahrung mit dem Fluss Acheloos überlagert sich mit dem Zwischenfall am Euenos. Ein Erlebnis gleitet ins nächste hinüber und beide werden übereinander gelagert. Der Strom markiert die Schwelle, die zu ihrer neuen Welt als Frau des Herakles überwunden werden muss. Die Ereignisse damals waren für sie so traumatisch, dass sie, um sich in der neuen Einsamkeit – wie ein Kälbchen ist sie von der Mutter getrennt worden (529–530) – zu behaupten, bald mit ihrer weiblichen Ausstrahlung um die Aufmerksamkeit des Herakles buhlen muss. Denn der ihr unheimliche neue Mann scheint schnell das Interesse an ihr zu verlieren. Bereits auf der ersten Station der Heimreise baut Herakles zu ihr eine Distanz auf – er geht allein voraus – und kümmert sich nicht direkt um sie. Offenbar sieht er sich nach dem Erwerb von ihr als Braut bereits als Herr einer attraktiven Trophäe und fühlt sich ihrer sicher. Doch Deianeiras Schönheit löst nun in erneuter Triangulation das sexuelle Begehren von Nessos aus. Damit wird er zum Rivalen des Herakles, weswegen dieser auf Nessos kurzerhand einen tödlichen Pfeil schiesst. In dieser extremen Seelenlage nimmt das Mädchen in der Schwellensituation mitten im Fluss das Mittel des sterbenden Nessos an. Das Trauma hat zur Folge, dass sie sich über den Giftzusammenhang nicht weiter Gedanken macht. Dio Chrysostomos berichtet in der *Rede* 60 im Übrigen von der fehlerhaften Erzählweise des Mythos seitens Sophokles: Der Pfeilschuss kommt zu früh, als Nessos sich noch in der Flussmitte befindet; auf diese Weise wäre Deianeira im Fluss ertrunken.[73] Erneut mag die vermeintlich etwas unlogische Erzählweise der traumatisierten Perspektive Deianeiras geschuldet sein.

73 Vgl. Fornaro 2003–2005.

Nach Deianeiras ethischem Verhalten und ihrem Charakter zu fragen, wie in der Forschung so oft getan wurde, ist relativ müssig.[74] In der Archaik und Klassik, vor allem bei Homer und in der Tragödie, geht es vor allem um sozial gebundene typische Figuren, die sich in Handlungen zeigen. Eher zielführend ist eine Betrachtungsweise, die man in der aktuellen Kognitionsforschung *Theory of Mind*, auch *mentalizing* oder *mind-reading* nennt. Denn das antike Publikum sowie der heutige Leser möchten sich wie im realen Leben mit einem Gegenüber auseinandersetzen und sich in dieses hineindenken. Man verfolgt also den Wunsch, die Gefühle, psychischen Zustände, Absichten und Beweggründe für bestimmtes Verhalten von Figuren zu ergründen.[75] Dabei konstruiert und ergänzt man sich ihr tieferes Ganzes, ihre innere Konstitution. Die gesellschaftliche Rolle und Verankerung sowie die Erwartungen, die sich daraus ergeben, spielen dabei ebenfalls eine bedeutende Rolle. Exakt so gingen wir bisher bei Deianeira vor. Es geht also nicht darum, ob sie absolut rein und human oder naiv und leichtsinnig oder böse und fragwürdig, ja sogar schuldig oder unschuldig ist. Man kann sie psychoanalytisch ausleuchten, sie in Freud'schen Kategorien verstehen oder doch ihr Verhalten verurteilen.[76] Statt Deianeiras Charakter zu beurteilen, ist es lohnender, im *Close-Reading* ihre Gefühle, äusseren Zwänge und Beweggründe zu verstehen sowie die Brüche und Risse in ihrer Persönlichkeit und in der Handlung nachzuvollziehen.

Als Deianeira zur Magie greift, ist sie sich ihres zum Teil problematischen Verhaltens bewusst. Zugleich passt es in der Logik einer patriarchalen, streng nach Geschlechtern segregierten Ordnung durchaus zum weiblichen Reaktionsmuster. So projizieren die Männer gern listige, verdeckte, triebgelenkte und

74 Z. B. Ryzman 1991; Gasti 1993; Carawan 2000.

75 Vgl. Budelmann/Easterling 2010.

76 So Scott 1995 und 1997.

irrationale Handlungsweisen auf das weibliche Geschlecht. Doch läuft die Anwendung von Liebeszauber dem sozial bestimmten Ideal des Benehmens einer Königin oder Aristokratin diametral entgegen. Deianeira ist daher auch hier vor den Mädchen auf ihr Ansehen in der Polis bedacht. Mit unsauberen oder gar waghalsigen Methoden wie Tricksereien oder Listen möchte sie auf keinen Fall in Zusammenhang gebracht werden. Von Frauen, die solches verfolgen, distanziert sie sich (582–583):

> Auf schlimme Wagestücke aber möchte ich mich nicht verstehn
> noch je sie lernen, und die Fraun, die solches wagen, hasse ich.

Damit scheint Deianeira die magischen Praktiken wie den *katadesmos* durch Fluchtäfelchen oder die Manipulation von Voodoo-Puppen, um andere Menschen im Aktionsradius zu schädigen oder gar zu vernichten, zu implizieren. Solche tollkühnen Aktionen sind mit Risiko auf Leib und Leben behaftet. Sie möchte weder als Expertin darin gelten noch gar bei anderen Spezialisten dieses Handwerk erlernen. Schadenzauber ist verpönt, moralisch schlecht, und dementsprechend sind es auch die Frauen, die diesen praktizieren.[77] Er beinhaltet die Ausübung und Performance von Gewalt.[78] Deianeira grenzt sich davon ab und bewertet ihr Tun anders. Dabei übersieht sie, dass ihr Tun ebenso Magie ist. Doch ist es, zumindest in ihren Augen, nicht schädigend, vernichtend, sondern man möchte in diesem Fall jemand nur von sich vereinnahmen, ihn also erotisch fesseln und zu sich heranführen. Der Fachbegriff ist *agoge*. In ihrer Verzweiflung verharmlost Deianeira also ihre Handlungsoption. Ihrer Ansicht nach geht es nur darum, mit Säften sowie an Herakles angewandten und ihn erotisch verzaubernden Präparaten

---

77 Vgl. Winkler 1990, 71–100; zu Deianeira in diesem paradoxen Zusammenhang von Verdächtigung und Bereitschaft zu magischer Handlung ebd. 81; Graf 1996.

78 Vgl. Riess 2012.

die junge Rivalin an Attraktivität auszustechen. Kann denn Liebe Sünde sein?[79] Nach ihrer nüchternen Analyse, dass sie gegenüber der Jugend erotisch chancenlos bleibt, möchte Deianeira damit eigentlich nur die Faktenlage umkehren und nachhelfen, dass Herakles heftigeres Verlangen nach ihr empfindet, um so ihren geliebten Ehemann an sich zu binden.

Ein wenig unsicher ist sie dabei trotzdem. Alles ist schon vorbereitet, doch holt sich Deianeira nun bei den Mädchen, die in diesen Sachen noch keine Erfahrung haben, vor der Tat Rat, ob sie die Aktion gutheissen. Somit lässt sie sich von ihnen bestätigen, das Unerprobte mit der Probe aufs Exempel zu wagen (588–597). Denjenigen, die sie eben noch zurückwies, weil sie in Liebesdingen ganz und gar unbedarft sind (141–147), erteilt sie jetzt Mitsprache. Leichtfertig meinen die Mädchen, sich auf eine Lebensweisheit berufen zu können, die man mit der in den Eingangsversen zitierten in Beziehung setzen kann: Endgültiges Wissen hat man erst danach. Gleichzeitig ist ihnen wichtig, es Deianiera, zu der sie so viel Sympathie empfinden, recht zu machen.

Schon kommt Lichas aus dem Haus, und bezeichnenderweise bindet sie vorher noch rasch die Mädchen mit einem Schweigeversprechen. Deianeira ist permanent auf ihre Reputation bedacht und will sichergehen, dass die jungen Frauen nichts davon sagen und sie decken: Geheim zu handeln ist nach Deianeiras Meinung besser als offen. Denn falls es sich doch noch als schändliche Tat herausstellen sollte, fällt dann auf sie keine Schande. Dieses Anliegen ist in einer *shame-culture* von grösster Bedeutung. Was Deianeira vorhat, ist eben doch ein Wagnis und Risiko. Ihre Aufspaltung in schlechte und gute Magie scheint nicht ganz zu funktionieren. Auch in anderen Tragödien wird

---

79 Nach Faraone 1994 liegt Deianeiras Sünde nur in der zu hohen Dosierung des Mittels.

übrigens der Chor gern bei üblen Listen zum Schweigen verpflichtet.

Deianeira überreicht schliesslich Lichas das mit dem Zaubermittel bestrichene Kleid für ihren Mann in einer verschlossenen Schatulle. Das Gewand nennt sie Peplos (602), ein Frauenkleid, und mit ihm wird der hypervirile Herakles bezeichnenderweise zur Frau.[80] Seine Gattin bezeichnet es als «Geschenk von meiner Hand» (603), es wurde von Deianeiras Hand präpariert. Das Wort Geschenk nimmt die Gabentauschthematik auf. Sie hatte vor dem ersten Stasimon eine Gegengabe angekündigt (494). Nun gibt sie Lichas deutlich die Anweisung mit, dass der Stoff keinesfalls den Sonnenstrahlen ausgesetzt werden oder mit Opferfeuer in Kontakt kommen sollte (598–612). Dies hat Nessos ihr nämlich so aufgetragen, den Mädchen hat sie es jedoch bisher verschwiegen. Deianeira erinnert sich also sehr wohl genau an die Worte des Kentauren, sie verbrämt die Hintergründe aber mit einem fingierten religiösen Gelöbnis, dass sie Herakles nach seiner Rettung ein solches Kleid für das grosse Sieges- und Dankopfer schicken würde. Erst zu diesem triumphalen Anlass solle er das Gewand unter freiem Himmel tragen. Das Opfer wird in typischer Weise zu einem «pervertierten Opfer».[81]

In tragischer Ironie kleidet sie den Zusammenhang der Neuausstaffierung für diese Feier in die Worte, dass sie den Gatten als «neuen Opferer im neuen Gewand den Göttern erscheinen lassen» (*phanein*) möchte (καὶ φανεῖν θεοῖς / θυτῆρα καινῷ καινὸν ἐν πεπλώματι, 612–613). Es ist nahezu eine theatrale Inszenierung, die sich zuletzt als Epiphanie herausstellt und Herakles' Apotheose einleitet. Das Opferszenario in neuartiger

---

80 Zu Herakles' *peplos* aus kultur- und religionswissenschaftlicher Perspektive vgl. auch Loraux 1990, 33–40. Allgemein zu Herakles' Verweiblichung in den *Trachinierinnen* vgl. Loraux 1981, 59–66.

81 Vgl. Zeitlin 1965; Henrichs 2000.

Festtracht ist ungewöhnlich und ganz ausserordentlich, da der Opfernde dabei selbst im Feuer verzehrt wird. Denn das mit der Substanz bestrichene Unterkleid klebt sich an seine Haut, wobei das Gift seinen Leib in der Hitze dahinschmelzen lässt. Ihr Siegel soll die Herkunft des Geschenks verdeutlichen. Von ihrer übergrossen Sehnsucht (*pothos*) möchte sie noch nichts verraten wissen, solange man noch nicht sicher ist, ob diese auf Gegenseitigkeit beruht (631–632).

## Herakles und der Berg Oita am Horizont

Im zweiten Stasimon (633–662), das im Zentrum des Gesamtaufbaus steht und dem damit eine besondere Bedeutung zufällt, gleitet der Mädchenchor zum Teil in die Rolle des athenischen Bürgerchors, der die Bewohner einer für die panhellenische Identität bedeutsamen geographischen Landschaft direkt adressiert.[82] Trachis, woher die Mädchen stammen und wo die Handlung spielt, liegt in der Nähe des Bergs Oita und der Thermopylen, wo die Freiheit der Griechen gegen die Perser verteidigt wurde. Zugleich ist der Oita, wie herausgearbeitet wurde, auch der Ort eines panhellenischen Jahresfests, das mit einem grossen Opferfeuer gefeiert wurde.[83] Zudem ist die Landschaft von Trachis durch den malischen Sund von der gegenüberliegenden Spitze der Insel Euboia getrennt. Auf diesem erhöhten Terrain namens Kenaion möchte Herakles sein grosses Dankopfer für den Triumph über das ebenfalls auf Euboia gelegene Oichalia abhalten. Zu diesem Zwecke schickte Deiraneira gerade das präparierte Kleid dorthin.

In der Geographie spiegelt sich die Situation der Frau wider, die sich nach ihrem noch durch den Meerbusen getrennten Gatten sehnt. Liebe ist nach Roland Barthes stets der «Diskurs der

82 Vgl. Janka 2004, 96–117.
83 Vgl. Finkelberg 1996.

Abwesenheit». Dieser manifestiert sich exemplarisch in der archetypischen Konstellation der Frau, die sesshaft zu Hause aus Verlangen nach dem in der Ferne umherreisenden Mann vergeht und um ihn bangend voller Sehnsucht auf seine Rückkehr wartet.[84] Es ist die Situation von Penelope und ebenso von Deianeira. In der ängstlichen Sorge, Herakles nun sogar zu verlieren, versucht seine Gattin ihn kurz vor der letzten Etappe erotisch zu verzaubern, um ihn an sich zu binden. Zugleich ist die Landschaft durch die beiden Feueropfer auf den weit sichtbaren Anhöhen verbunden, wobei sich das Feuer der Eroberung Oichalias über das Kap Kenaion bis zum Oita wie im Fackellauf nach Trachis verbreitet.

Damit erinnert die Situation auch in manchem an Klytämnestras berühmte Feuersignalinstallation im *Agamemnon* (281–316) des Aischylos, mit der das Licht als Zeichen des Siegs über markante Berge von Troia nach Argos getragen wurde. Zugleich steht am zeitlichen Horizont nach dem Ende der *Trachinierinnen* das heilsgeschichtliche Ziel des Heraklesmythos: die berühmte Apotheose des panhellenischen Helden auf dem Scheiterhaufen am Berg Oita. Damit endet Herakles' menschliche Existenz mitsamt seinen zahlreichen Mühen, Leiden, Bewährungsproben und Arbeiten. Der Feuertod markiert die Erlösung davon und das Eingehen in ein neues glückseliges Dasein im Olymp, zusammen mit Hebe als neuer Gattin, die die Jugendblüte verkörpert. Die jugendliche Schönheit seiner erotischen Partnerinnen verwelkt im Laufe ihres menschlichen Lebens. Im Olymp wird somit ebenso der Kreislauf des Begehrens nach immer neuen jüngeren Frauen beendet. Inwieweit das Stück auf die Ereignisse tatsächlich verweist, wird in der Forschung heftig debattiert.[85] Doch im Erwartungshorizont des Primärpublikums ist dieser

---

84 Barthes 1977, 19–24, bes. 20.

85 Vgl. Holt 1989, mit Literaturübersicht 69 Anm. 1.

Hintergrund für das Verständnis der *Trachinierinnen* nicht zu ignorieren.

In einer typischen *choral projection* versetzt sich der Chor in diese Feststimmung der jährlichen Feierlichkeiten am Berg Oita,[86] für die diese Tragödie und die nicht mehr einbezogene Fortsetzung die ätiologische Sage bilden. Wie im Hyporchema (205–224) besingt man das multimediale Spektakel von Musik, Flötenklang und ekstatischem Jubellied, das die Triumphfeier des rückkehrenden Herakles antizipiert. Die tragische Ironie der Freudenchoreinlage wird somit wiederholt. Denn statt der Freude wird sich dort das Leiden einstellen und im Chorlied vollzieht sich die Peripetie.

Im zweiten Teil des Stasimons wird der Kontrast zwischen Abwesenheit und Heimkehr aus der eigenen Perspektive der Mädchen und vor allem aus Deianeiras Blickwinkel herausgearbeitet. Ein ganzes Jahr von zwölf Monden war Herakles weg über dem Meer, die Mädchen wussten nichts. Warum nun plötzlich aus den fünfzehn Monaten zwölf wurden, ist wohl kein Fehler des Dramatikers. Der Chor und noch mehr die Gattin möchten die letzten drei erotisch unrühmlichen Taten eher überblenden und selbst die Zeit bei Omphale einfach als Abwesenheit auf dem Meer abtun.[87] So schwenkt man sogleich in die Perspektive der Gattin, die sich in Tränen nach ihm verzehrte, nur um zuletzt auf sein kriegerisches Tun zu kommen. Die Diktion entlarvt zugleich die Motivation und birgt erneut tragische Ironie. Herakles wurde eigentlich von Ares angestachelt, wobei der Stachel zur Topik der erotischen Sprache gehört und auf das Leid Ios verweist. Und der Ausdruck, dass Ares ihm Erlösung von den leidvollen Tagen brachte, bringt die falsche Interpretation der Erlösung im Orakel zurück. Ares löste das Liebesleid, weil er das Begehren nach Iole damit stillte. Zugleich ist es die

86 Vgl. Henrichs 1996.

87 Etwas anders Janka 2004, 104–105.

Grundlage dafür, dass Herakles am Kenaion mit Deianeiras Kleid ein feierliches Siegesopfer begeht und dann auf dem Scheiterhaufen am Oita von seinen Leiden erlöst wird.

Zuletzt wird Herakles fast schon wie ein Gott in einem Hymnos kletikos zum Kommen angerufen. Ironischerweise wird zur Eile gemahnt, er möge den Altar am Kap Kenaion auf der Insel Euboia rasch zurücklassen. Der Verweis, dass man ihn als Opferer dort rühmt, weist auf Deianeiras Diktion zurück. Ziel soll nun vielmehr rasch das Festland bei Trachis sein, zumal ihn das Gewand mit magischem Liebeszauber geradezu herbeizieht: «ganz von Sehnsucht erfüllt (πανίμερος), / von der Liebe Zaubermittel / durchglüht nach des Kentauren Geheiss» (660–662). Die Diktion des griechischen Originals lässt erneut Sophokles' tragische Ironie durchscheinen. Wörtlich heisst es an der auch textkritisch umstrittenen Stelle: ὅθεν μόλοι πανάμερος (πανίμερος Mudge, so übernommen von Steinmann), / τᾶς Πειθοῦς παγχρίστῳ / συγτακεὶς (Blaydes; συγκραθεὶς codd.) ἐπὶ προφάσει θηρός – «von dorther möge er bald ganz [von Sehnsucht erfüllt] kommen, zusammengeschmolzen mit dem ganz mit magischer Liebesüberredung Eingesalbten [i. e. Kleid] unter des Tieres Einflüsterei». Verliebtsein und Begierde werden in der Sprache der Liebe als Dahinschmelzen bezeichnet, wobei die Metapher hier als körperliche Zersetzung konkret wird. Die Handschriften haben hingegen statt Blaydes' Konjektur συγτακεὶς das Partizip συγκραθεὶς, das die Durchtränkung in der völligen Mischung mit dem Zaubermittel ausdrückt. Herakles wird bald das Wirken des Kleids an seinem Körper ähnlich beschreiben. Aufschlussreich ist zudem die Kette des magisch-erotischen Bezirzens. Peitho steht neben Aphrodite als Personifikation der Überredung mit verzaubernden Mitteln. Die Mädchen verwenden bewusst nicht das Wort *philtron* oder *pharmakon*, da sie Deianeiras Tat nur als erotischen Attraktionsversuch interpretieren. Nessos handelte ihrer Meinung nach ebenso. Im erotischen Übergriff zog er das verängstigte Mädchen in seinen Bann.

### Die zu späte Erkenntnis über den Liebeszauber: Seine dionysische Wirkkraft

Gleich danach erscheint Deianeira voller Angst und Sorge im dritten Epeisodion (663–820). Ihre ganze Reputation steht auf dem Spiel. Sie ist vollkommen mutlos. Denn es könnte sich herausstellen, dass sie eine üble Tat begangen hat, weil sie zu sehr ihrer Hoffnung vertraute. Sofort tippt die Chorführerin, es könnte mit dem Geschenk zu tun haben. Offenbar, wie Deianeira zur Fehleranalyse angibt, ging sie mit allzu grossem Eifer an ein unerprobtes Werk. Dann berichtet sie in einer längeren Rede (672–722) von der unglaublichen, fast wundersamen chemischen Zersetzung der Schafwollflocke bei Tageslicht, die ihr zum Auftragen des Mittels auf das Kleid diente. Erst jetzt gibt sie den Mädchen die genauen Anweisungen des Kentauren preis (685–692), das Mittel unbedingt im Dunklen aufzubewahren. Sie betont, dass sie diese in besonderer Weise im Gedächtnis festhielt, damit sie nicht vergessen würden.

Interessanterweise verwendet sie dafür als Vergleich die schriftliche Aufzeichnung auf einer Tafel (680–684). Dies war bekanntlich die Praxis des Herakles, als er den Inhalt seiner fälschlichen Deutung des Dodona-Orakels auf einer Schrifttafel festhielt, die er Deianeira beim Aufbruch hinterlegte. Angesichts ihrer Traumatisierung kommen dabei zentrale Objekte und Fakten immer wieder in die sprachlich formulierten Denkprozesse zurück.[88] Deianeira hebt hervor, dass sie diese wichtige Anordnung des sterbenden Nessos wie eine schwer tilgbare Schrift auf einer Bronzetafel aufbewahrte. Erneut haben wir das Motiv des problematischen Status der Schrift. Was fest fixiert ist, sollte für immer in Erinnerung bleiben, doch wird es gerade deshalb vergessen, wie später Platon im *Phaidros* (274b–279c) ausführen wird. Doch, wie wir bei der Übergabe des Kleids an Lichas sahen,

88 Vgl. Weiberg 2018, 26–29.

hat sie die Instruktion eigentlich irgendwie präsent. Es bleibt offen, ob ihre seelische Konstitution beim Beschluss im Affekt dazu beitrug, dieses Faktum zunächst partiell auszublenden.

Ausführlich beschreibt Deianeira mit chemischer Genauigkeit, was mit der Wollflocke geschah, die sie zum Auftragen der Substanz verwendete, dann aber nach der Verstauung des Kleids unachtsam draussen wegwarf. Kaum dem Sonnenlicht ausgesetzt, löst sich das Stückchen Vlies auf, zersetzt sich, zerstäubt, schmilzt und wirft Schaum (701–705):

So liegt es da, hat sich zersetzt, und aus der Erde,
wo es gelegen, wallen Klumpen auf von Schaum,
wie wenn der blauen Herbstfrucht dicker Trank
von Bakchos' Weinstock auf den Boden sich ergiesst.
So weiss ich Ärmste nicht, in welches Denken ich mich stürzen soll.

Bezeichnenderweise bringt sie die Dekomposition mit dem Gärungsprozess der Weintraube zusammen, die Bakchos heilig ist. Die gespenstische Auflösung ist wie ein dionysisches Wunder, zumal der Gott des Theaters, wie wir schon im Hyporchema (205–224) sahen, gewissermassen wie ein heimlicher Lenker der Handlung fungiert, der für den Umschwung hin zur Katastrophe verantwortlich ist. Oineus, der personifizierte Mann des Weins und Sohn des Gottes, ist bekanntlich Deianeiras Vater, weswegen sie umso leichter auf den Vergleich kommt. Dionysos und Aphrodite haben einiges gemeinsam, die Ekstase, Efferveszenz, Euphorie und die überschäumende Energie. Dionysos ist bekannt als Lysios, Löser und Zersetzer.[89] Eros ist eine gefährliche dynamische Kraft. Liebe wird in der griechischen Kultur vor allem als *nosos*, Krankheit, empfunden und analysiert. Deianeira wollte Liebeszauber bei Herakles anwenden. Sie hatte vor, mittels magischer Manipulation Liebe zu sich in ihm auszulösen. Der

89 Bierl 2018. Zu Dionysos in der Tragödie vgl. Bierl 1991.

beschriebene chemische Prozess der Zersetzung besteht exakt aus den Metaphern, die in der Liebeslyrik für den Zustand des erotischen Verlangens verwendet werden. Hitze, Glut, Schmelzen, Vergehen und Tod. Bei Herakles' körperlicher Zurschaustellung des Leids wird dies noch deutlicher. Hier ist vor allem das Aufzischen des Schaums (*aphros*) zu nennen. Aphrodite, ist bekanntlich die ‹Schaumgeborene›, die aus der Gischt des Meeres an der Stelle im Meer aufsteigt, wo Kronos den Phallos seines von ihm mit der Sichel kastrierten Vaters Uranos ins Meer warf. Der Zusammenhang symbolisiert die unendliche Energie, die mit dem Sexuellen verbunden ist. Gibt man davon dem ohnehin schon hyperaktiven Herakles dazu, geht er daran zugrunde.

Nun erkennt Deianeira zu spät, dass Nessos ihr natürlich nichts Gutes wollte und sie als Instrument der Rache benutzte. Sie befürchtet Schlimmstes, sie könnte zur Mörderin des eigenen Gatten werden. Die Themen der Verantwortung, der allzu späten Erkenntnis sowie des zu raschen Handelns rücken in den Vordergrund. Zugleich sind bei Deianeira wiederum entsprechend der sozialen Gebundenheit ihre besondere Rücksicht auf die gesellschaftliche Achtung und ihre Angst vor der möglichen Schande hervorzuheben. Schon kündet sie ihren Entschluss an, dass sie selbst in den Tod gehen werde, wenn sich das Befürchtete einstelle. Denn ein Leben ohne Ansehen und unter Ehrverlust sei für sie das Schlimmste.

## Die Bewertung von Deianeiras Tat

In Bezug auf die Frage ihrer Schuld wird die Tragödie zudem eine Art öffentliche Verhandlung wie vor Gericht. Der Chor als Brücke zu den Bürgern versichert, dass eine Tat ohne Vorsatz weniger schwerwiegend sei. Massgeblich ist der zentrale Punkt: Warum hatte Deianeira Nessos' Instruktionen im entscheidenden Moment vergessen? Zur Beurteilung empfiehlt sich hier erneut das *Mind-Reading*. Kann man dafür tiefere Beweggründe ausmachen? Wie gezeigt, scheint Deianeira gegenüber Lichas diese Anordnungen durchaus im Blick zu haben, als sie ihm das Geschenk übergibt. Doch könnte man vermuten, dass sie im Augenblick des Entschlusses und dann bei ihren Empfehlungen allzu sehr von der Liebessehnsucht und Eifersucht gepackt war, dass sie diese Zusammenhänge verdrängte. Als Frau, die von Anfang als äusserst traumatisiert, voller Angst und Furcht sowie fixiert auf ihre soziale Stellung und Rolle gezeichnet ist, empfindet Herakles' Gattin die Wahrheit um Iole als einen tiefen Schock. Zunächst versucht Deianeira ihn mit rationalen Erwägungen zu überspielen. Doch hat sie sich in den Jahren der Vernachlässigung und Einsamkeit, insbesondere während der letzten fünfzehn Monate des Exils, in denen sie sich nach der Rückkehr ihres Mannes sehnte, vermehrt der Einbildung hingegeben, dass sie mit ihrem Gatten in unendlicher Liebe verbunden ist. In den letzten Tagen vor der ablaufenden Frist steigert sich die Zeit der Trauer, Angst und Sorge bis zur Verzweiflung. Da Deianeira dieses missverstandene Konzept der Liebe verabsolutiert, hat sie nun nur noch einen einzigen Gedanken: die Liebe des Ehemanns wiederzugewinnen, sei es selbst mit magischen Mitteln.

Der Problematik der Methode, selbst der Inkaufnahme eines gewissen Risikos in der Durchführung ist sie sich durchaus bewusst. Wenigstens hätte Deianeira das Mittel vorher ausprobieren sollen. Doch da lässt sie sich, wie gesehen, vom unerfahrenen Chor schnell beschwichtigen. Alles andere blendet sie aus. Da sie sich der Kraft des bei ihr verwahrten Elixiers erinnert, rücken selbst die von ihr eigentlich so deutlich eingeprägten Instruktionen des Nessos in den Hintergrund, zumal durch den Schock auch ihre frühen Traumata immer wieder aufleben.[90]

90 Weiberg 2018, 28–29 interpretiert den paradoxen Zusammenhang mithilfe Freuds Theorie der Nachträglichkeit als verspätetes Verstehen des Traumas.

Der Text lenkt vieles darauf, dass es lediglich ein kleiner Lapsus, ein *hamartema*, war, woraus eine Tat ohne Vorsatz, die zur Katastrophe führt, erwuchs. Oder war es doch eine unterbewusste Reaktion, es ihrem Mann heimzuzahlen, die sie sich auf keinen Fall eingestehen möchte?

Eine zweite Klytämnestra ist Deianeira auf alle Fälle nicht, selbst wenn sie ihr Opfer in ein Netz verstrickt. Ebenso wenig handelt sie wie Medea, die mit einem vergifteten Hochzeitskleid ihre Rivalin ausschaltet. Vielmehr versucht Deianeira mit dem Peplos, ein wenig wie es in der *Odyssee* geschieht, ihre Hochzeit zu reaktualisieren,[91] wobei sie freilich wie ein Mann einen Liebeszauber anwendet und den hypermaskulinen Gatten zur Braut verweiblicht. Von Herakles und Hyllos wird sie gleich der vorsätzlichen Tat bezichtigt. Die Frage der Verantwortung steht wie in einer demokratischen Gerichtsverhandlung Athens zur Debatte.[92] Im Laufe der weiteren Entwicklungen verharrt schliesslich nur der unversöhnliche Herakles bei dieser extremen Einschätzung.

Bei Deianeira bleiben die Ermunterungen, die Hoffnung auf einen günstigen Ausgang, ohne Wirkung und schon nimmt die Tragödie ihren Lauf. Hyllos kommt zurück, ganz und gar aufgebracht, verflucht die in seinen Augen schuldige Mutter (734–748) und berichtet in aller Drastik vom grausamen Ende des Helden beim Dankesopfer am Kap Kenaion (Hyllos-Szene: 734–820).

---

91 Das Thema der Reaktualisierung der eigenen Hochzeit wird durch die angekündigte Rückkehr des abwesenden Helden und die Reaktion der Freude im Hyporchema (205–224) auch schon vorher angedeutet. Vgl. Seferiadi 2022, 47–48.

92 Vgl. insgesamt Seferiadi 2022, 93–115.

## Herakles' pervertiertes Opfer und das Wirken des Gifts: Liebe als Krankheit

Der aufgewühlte Bericht (749–812) über das, was sich an der Spitze Euboias beim Opfer, das zum pervertieren Opfer entartete, zutrug, zeigt zunächst nur über die Sprache, inwiefern sich das angebliche Liebeselixier als übles Gift herausstellt. Dabei manifestiert es sich jedoch ganz wie die Liebe, die sich in der griechischen Kultur stets als Krankheit äussert. Gerade der sexuell hyperaktive Frauenheld, der seine Begierde von einem attraktiven Objekt auf das nächste lenkt, wird durch den Exzess der erotischen Sehnsucht der Gattin, die zusätzlich noch einen magischen Liebeszauber anwendet, von der Liebe vernichtet. Durch Eros sowie das Gift sind Mann und Frau in einer tödlichen Zirkulationsspirale miteinander verwoben. Hyllos beschreibt die schauerliche Szene nach dem Anlegen des Gewands wie folgt (765–771):

Doch als zur heilgen Feier hell die Flamme brannte,
blutrot und genährt vom Harz der Fichte,
quoll Schweiss ihm aus dem Leibe, und es schmiegte
an seine Seiten sich, fest angeleimt, wie wenn's von Künstlerhand,
das Kleid hin über jedes seiner Glieder. Und es kam
beissend ein Schmerz, der ihm bis in die Knochen drang. Dann
frass es an ihm so wie das mörderische Gift der hasserfüllten Schlange.

Die Symptomatik entspricht der schon bei Sappho, besonders in Fr. 31, ganz physiologisch ausgedrückten Liebesmetaphorik. Das Kleid hat direkten Kontakt mit dem Körper, weswegen sich nun das Leid infolge des Pharmakons direkt dort zeigt. Wie bei Sappho wird es Herakles unendlich heiss. Es rinnt der Schweiss auf der Haut, es fühlt sich an wie etwas, was von einem Besitz ergreift – das war ja das Ziel des Zaubers. So klebt das Hemd bzw. die Liebe als Krankheit sich seitlich fest an der Körperflanke und erfasst alle Glieder. Krampf, Zucken und beissender Schmerz dringen bis in die Knochen. Das Gift verzehrt und frisst förmlich den Leib auf. Berichte können in der Tragödie Leid vermitteln, das man oft gar nicht auf der Bühne in aller Drastik zeigen kann. Doch hier wird im letzten, dem Herakles gewidmeten Drittel das Pathos dann auch performativ und ganz körperlich ausgestellt.[93] Somit wird in der Verzahnung der Effekt der Ostentation des Leidens aufgrund der Liebe wirkungsvoll gesteigert.

Zudem ist Herakles zunehmend wahnsinnig. Lichas, den Überbringer, wirft Herakles, nachdem er gehört hat, dass jener das Gewand von der Königin empfangen hat, kurzerhand von der Kap-Anhöhe auf einen Felsen im Meer, sodass sein Schädel aufbricht. Niemand wagt es, sich Herakles in seinem Rasen entgegenzustellen. Nach der Verwünschung seiner Ehe erblickt er Hyllos in der Schar und bittet ihn, die Überfahrt seines moribunden Leibs über den Sund nach Trachis zu organisieren. Als der Sohn die Mutter schliesslich fast wie eine zweite Klytämnestra verurteilt, ohne vorher nach den tieferen Zusammenhängen zu fragen, geht Deianeira ohne weitere Worte schweigend ab. Falls sie sich selbst richtet, wie der Chor befürchtet, findet Hyllos dies nur als gerechten Ausgleich (813–820).

Die Zeit bis zur Klarstellung von Deianeiras Schicksal und bis zur Ankunft des schrecklichen Helden wird durch das dritte Stasimon (821–862) überbrückt. Die Mädchen singen von der Bewahrheitung eines weiteren Orakels, das sein Ende vor zwölf Jahren schon auf jetzt prophezeite. Einzig die Götter haben Wissen. Herakles' Schicksal ist also im Olymp früh klar. Die traditionelle Anzahl von zwölf Jahren ist offenbar auf seine zwölf Taten zurückzuführen. Delphi und Dodona ergänzen sich: Wir

93 Zum *embodiment* und zu einer *embodied aesthetics* vgl. Angelopoulou 2025.

befinden uns offensichtlich in einem längeren teleologischen Prozess. Dem Zeussohn sind der Tod und die Erlösung von den Leiden, die die Knechtschaft bei Eurystheus ihm auferlegt, schon lange vorbestimmt. Zeus bestätigte Herakles dies vor fünfzehn Monaten eigentlich nur nochmals. Doch der Held interpretierte die verrätselte Botschaft falsch, was er, wie gesehen, auch seiner Gattin vermittelte. Die Mädchen verstehen, dass das zehrende Hydragift seinen Tod bedeutet. Zusätzlich zum körperlichen Leid malen sie sich aus, wie sehr Herakles der Zorn darüber martern muss, dass Nessos die schreckliche Erosmaschinerie mittels listiger Worte in Gang setzen konnte. Der Kentaur zielte dabei geschickt auf die psychische Verfasstheit beider Eheleute in Sachen Liebe jeweils zum anderen Geschlecht ab. Deianeira wurde sowohl das Medium seiner Rache als auch sein Opfer. Der Chor deutet die Zusammenhänge als Moira, als zugeteiltes Geschick, das sich als grosse Verblendung qua List manifestiert.

Zuletzt zeigt der Chor die Konsequenzen für beide Eheleute auf: Tränen vor allem bei Deianeira, bei Herakles das körperliche Siechtum durch eine Krankheit, die seine bisherigen Leiden übertrifft. Die Eros-Krankheit war schon Auslöser der kriegerischen Eroberung Ioles, die der Held als neue Braut heimführte. Eros, das unkontrollierte Verlangen, ist bekanntlich eine Seuche, die sich dementsprechend ganz konkret als solche zeigt. Dahinter erscheint Kypris als Drahtzieherin dieser Ereignisse, ohne dass sie dies laut kundzutun hat. Deutlich wird ein Bogen zum Ende des ersten Stasimons geschlagen, wo bereits Kypris als Schiedsrichterin und Leiterin des früheren Kampfs um Deianeira genannt wird. Die problematische Konstellation des Eros findet offenbar nie ein glückliches Ende, sondern pflanzt sich in den folgenden Beziehungen fort.

## Deianeiras sexualisierter Liebestod

Deianeiras stiller Abgang ins Haus versprach, wie stets bei Sophokles, nichts Gutes. Nun kommt im vierten Epeisodion (863–946) die Bestätigung. Die Amme berichtet (899–946), wie sie als Beobachterin wie in einem inneren Theater mitansehen musste, wie sich ihre Herrin das Leben nahm.[94] In ihrem Tun bleibt Deianeira ganz bei dem bisher entworfenen Bild. Sie ist weiterhin die sozial gebundene, auf ihre Genderrolle und ihre Reputation bedachte Frau. Und sie setzt ihren erotischen Diskurs dahingehend fort, dass selbst ihr Ende im Haus auf eine pervertierte Art und Weise erotisch wird.[95] Doch in ihrem finalen Handeln schwingt sie sich kurz von einem Objekt zu einem freien Subjekt auf, das sogar männliche Formen aufnimmt, aber zugleich eng an die gesellschaftlichen Erwartungen gebunden ist.[96] Als Deianeira Hyllos bei der Vorbereitung der Trage für ihren ankommenden Mann sieht, verbirgt sie sich in ihrer typischen Ängstlichkeit vor den Blicken im Innersten des Palasts.

Doch die Amme beobachtet sie weiter. Die Herrin zieht sich jedoch nicht in die Frauengemächer zurück, um sich dort den in der Tragödie für die Frauen typischen Tod des Hängens zu geben. Der Selbstmord mit dem Schwert ist sonst Männern vorbehalten,[97] und dieses Faktum wird schon im vorgelagerten lyrischen Schlagabtausch betont. Deianeira klagt zunächst an den Altären, verabschiedet sich von allen Zimmern und Hausgeräten, dann vor allem von ihrer Kinderschar. Dann stürmt sie wie Iokaste im *Ödipus Tyrannos* in den intimsten Bereich des Hau-

94 Vgl. Allen-Hornblower 2016, 145–149.

95 Vgl. Seferiadi 2022, 60–66.

96 Vgl. Wohl 1998, 41–46.

97 Vgl. Loraux 1987, 49–56. Sie betont, dass Frauen in der tragischen Dichtung üblicherweise an Hals und Kehle den Selbstmord begehen, Männer an der Leber und Flanke. Zum Tod von Deianeira und Herakles vgl. auch Loraux 1995, 39–42.

ses, ins Ehegemach. Die Amme erzählt, wie sie ihr folgte und von einem Versteck aus alles Weitere heimlich ansah. Die selbstreferenziellen Verweise auf das Schauen aus dem Verborgenen – Theater kommt von *theasthai* (schauen) – verstärken den Effekt, dass das Publikum damit in den Status des Voyeurismus einbezogen wird und der Schritt über die Schwelle zu einer höchst privaten, in diesem Fall sexualisierten Todesszene vollzogen wird. Deianeira, die sich ganz über die Liebe zum Gatten definierte, scheiterte, Herakles für sich wiederzugewinnen. Nun inszeniert sie auf dem Ehebett eine leicht zu dechiffrierende symbolische Form eines finalen ehelichen Koitus (915–926):

                                    Da nun sehe ich die Frau
Decken ausgebreitet werfen auf das Bett des Herakles.
Wie sie damit nun fertig war, da sprang sie selbst
hinauf und liess sich nieder mitten auf dem Ehebett,
und ausbrechend in eine heisse Tränenflut
sprach sie: «O du mein Ehebett und Brautgemach,
lebt wohl auf immer! Denn nie mehr
werdet ihr zum Schlaf auf diesem Lager mich empfangen!»
Nach diesen Worten löste sie ihr Kleid
mit angespannter Hand, dort wo die goldgetriebne
Spange vor den Brüsten lag, und drauf entblösste
sie die ganze Seite und den linken Arm.

Deianeira richtet das Bett und verabschiedet sich von diesem ihr wichtigsten, die Ehe und ihre ganze Stellung symbolisierenden Gegenstand. Sie löst sich das Kleid, ihren Peplos, und entblösst ganz ihre Seite. Genau vor dem entscheidenden Todesstoss verkompliziert sich das innere Schreckensschauspiel. Angesichts des intensiven Schauens hat es die Amme versäumt einzuschreiten. Viel zu spät eilt sie nun, Hyllos zu holen, statt vor Ort zu intervenieren und die Herrin zu retten. Der entscheidende Moment wird dafür verpasst, weswegen das ans Geschehen zurückkehrende Duo nur noch zusehen kann, wie Deianeira sich das Schwert in die entblösste Seite (*pleurá*) unterhalb der Leber und des Zwerchfells rammt. Die Seite (*pleurá*) an dieser Stelle ist das Zentrum des erotischen Affekts und das Organ der weiblichen Gebärfähigkeit.[98] Der Ort, woher Deianeira stammt, ist vielleicht nicht zufällig Pleuron.[99] Auf dem Ehebett besiegelt sie ihre Stellung als Gattin und beansprucht die Ehe zurück. Als Erotikerin stirbt sie hocherotisch. Im Tod hat sie Herakles in sich aufgenommen. Das Schwert (*phasganon*) ist wie der männliche Phallos, der sie im Zentrum der Leidenschaft penetriert. Zugleich gehört das Wort der epischen Sprache an, wie auch die gesamte Todesart an das Sterben eines iliadischen Helden erinnert. Deianeiras Tun wird damit selbst in mancherlei Hinsicht heroisch. Sie stirbt zudem auf männliche Weise, um ihren Status als Frau eines Helden über den Tod hinweg zu bewahren und ihren Ehemann kurz vor seinem Ableben in ihrer Phantasie für sich zu behalten.

Der zu spät hinzugerufene Hyllos muss erkennen, dass seine Vorverurteilung zum Entschluss des Selbstmords beitrug. Allzu spät wird er darüber aufgeklärt, dass seine Mutter ohne Vorsatz handelte. Doch bleibt zu fragen, ob die Leute im Haus, also wohl auch der Chor und die Amme, wirklich alle Zusammenhänge kennen. Somit übernimmt Hyllos von seiner Mutter das Zu-spät-Erkennen. Sein Vater wird darin noch folgen. Nun wirft der Sohn sich auf sie, umarmt, beklagt und küsst sie. Seine Trennung von der Mutter im Prozess der Mannwerdung war wohl zu abrupt und heftig, weshalb er jetzt, wo er erkennt, demnächst Vollwaise zu sein, am liebsten fast in einem inzestuösen Sinn zu ihr zurückkehrt.

Im vierten Stasimon (947–970) zieht der Chor angesichts der vergangenen Geschehnisse und dessen, was noch bevorsteht,

---

98 Vgl. auch Mitchell-Boyask 2008, 83, der die Körperstelle mit der Gebärmutter verbindet.

99 Loraux 1981, 62 Anm. 140.

eine bittere und pessimistische Bilanz. Die Mädchen, die vorher in einer idyllischen Welt der Jungfernschaft lebten, wo sie selbst den Schutz vor Wind genossen, wünschen sich nun, vom Wind aus Trachis fortgetragen zu werden, um dem schrecklichen Geschehen zu entfliehen. Man hat nämlich unendliche Angst vor dem Anblick des fürchterlich leidenden Helden, dessen Ankunft schon angekündigt ist. Herakles war bereits nah, als die Mädchen ihn wie die Nachtigall singend und klagend beweinten. Mit diesem Vogel, der aus der Metamorphose einer Frau, Aedon oder in der athenischen Version Prokne, hervorgegangen ist, wird das intensive weibliche Wehgeschrei treffend ausgedrückt. Weil Aedon ihren Sohn Itylos (bzw. Prokne Itys) unwillentlich tötete, klagt sie so bitterlich um ihn, dass sie sich in den gleichnamigen Vogel (*aedon*) verwandelt. Schon Penelope hat sich in der *Odyssee* (19.515–534) in ihrem verzweifelten Sehnen nach ihrem Gatten mit der Nachtigall verglichen. Ebenso wurde Deianeira, die Penelope in manchem ähnelt, bereits in der Parodos mit dem «elenden Vogel» gleichgesetzt (105). Zum Klagegesang bringen Fremde den Helden auf einer Trage herein. Die Mädchen sind sich unsicher, ob er mittlerweile nicht gar schon tot ist.

## Die Ausstellung von Herakles' Leid, seine Verweiblichung und die späte Erkenntnis

Über zwei Drittel der Tragödie stand Deianeira im Zentrum. Kurz nach der Ankündigung wird nun der todkranke Herakles auf einer Bahre liegend hereingetragen. Im letzten Drittel, in der langen Schlussszene (971–1278), ist nun Herakles im Fokus. Sein entsetzliches Leid, das das Publikum bisher nur durch Berichte über die Wirkkraft des Pharmakons und durch die direkte Zeugenschaft des Sohnes vermittelt bekam, wird schliesslich auf der Bühne in aller Drastik lebendig und glaubhaft erfahrbar. Dies geschieht vor allem als körperliche Erfahrung, akustisch über stimmliche Ausdrucksweise, Schreie, Gebrüll,

Gestöhn, Weinen und Jammern, dann auch visuell durch das Zeigen des vom Schmerz betroffenen Leibs.[100] Die griechische Tragödie beinhaltet unter anderem die Ausstellung des Leids und die Klage darüber.

Zugleich geht es in dem letzten Teil um das Aufeinandertreffen von Vater und Sohn sowie um Hyllos' Mannwerdung, indem der sterbende Vater ihm wie in einem Testament auf autoritäre Weise zunächst als Zumutung erscheinende Aufträge erteilt, die sein Ende und die Übernahme seiner Rolle im patriarchalen System implizieren.[101] Dies wirft ein neues Licht auf den Helden, seine gesellschaftliche Bindung und tiefere innere Verfasstheit. Obgleich die *Trachinierinnen* als eine Tragödie in Diptychonform erscheinen, sind beide Teile eng verzahnt. Wie gesehen ist Herakles in dieser fatalen Eroskonstellation der Gegenpart von Deianeira. Beide Figuren sind in zirkulärer und palintropischer Art wie in der Lemniskate Bernoullis aufeinander bezogen. Die Energie kommt von der gefährlichen Macht des Eros, der das Liebesseil schnürt. Herakles' erotische Disposition zur Sammlung weiblicher Objekt-Trophäen, die in der Heimführung Ioles kulminiert, trifft auf die passiv-ängstliche, traumatisierte, sich als Objekt verstehende Konstitution Deianeiras, die Statuserhalt mit Liebe verwechselt. Der Versuch, durch Magie Liebe zuzuführen, um den Gatten an sich zu binden, führt zur Auflösung qua Energieüberschuss. Dies fällt wiederum zurück auf die Gattin, die den Tod ihres geliebten Mannes ganz und gar nicht intendiert, aber doch auslöst. Um der gesellschaftlichen Schmach zu entgehen, nimmt sie sich in einem sexuell anmutenden Akt das Leben.

Ein Alter, ein Diener des Hauses, steht mit Hyllos zunächst in einem Wechselgesang. Der klagende Sohn wird vom Gegenüber zur Ruhe gemahnt, damit der Held nicht erwacht und einen

---

100 Zur körperlichen Sinneserfahrung vgl. Angelopoulou 2025.

101 Vgl. Wohl 1998, 3–16; Nooter 2012, 71–81; Seferiadi 2022, 117–136.

erneuten Ausbruch der Krankheit erdulden muss. Zugleich wird Hyllos darauf hingewiesen, dass der eigentlich schon tot erscheinende Vater noch lebt. Da richtet Herakles den Oberkörper leicht auf und seine Leidensschreie brechen in einer grossen Ecce-Homo-Szene hervor. Da erinnert sich Herakles in lyrisch-anapästischen Tönen, in denen er stimmlich Autorität beansprucht, an das für ihn traumatisierende Geschehen des pervertierten Opfers an der Trachis gegenüberliegenden Spitze Euboias (993–1003):

O Kenaions Grundstein der Altäre!
Welch einen Dank – für welche Opfer! –
hast du mir Elendem erstattet – o Zeus!
Welch eine Schmach hast du mir angetan, welch eine!
Dass ich doch niemals sie gesehen hätte,
ich Armer, mit den Augen, so dass ich auf diesen unstillbaren
Ausbruch des Wahnsinns blicken musste!
Denn wer ist der Zauberer, wer der Heilkunst
Meister, der da dies Verhängnis,
ausser Zeus allein, hinwegbeschwören wird?
Ich säh ihn wohl als Wunder – doch ich seh es nur von fern.

Bei seinem Vater Zeus beklagt sich Herakles gleichermassen über einen pervertierten Gabentausch beim Opfer und eine missglückte Reziprozität im Dank. Nicht verstehend, dass dies der Anfang seiner Erlösung und des Übergangs in einen neuen Status ist, sieht er alles nur als Schmach und Schande. Ironisch spricht er die tiefere Wahrheit der Magie und des im Geschehen involvierten Liebeszaubers an. Gern hätte Herakles auf den Anblick «der Flamme des nicht wegzuzaubernden Wahnsinns» (τόδ' ἀκήλητον μανίας ἄνθος, 998–999) verzichtet. Für ihn besteht dieser wohl in der schrecklichen Tat, dem Feueranschlag, den seine Frau gegen ihn verübte. Doch auf tieferer Ebene fällt der Wahnsinn mit dem blinden Wüten der Liebe zusammen, die sich aufgrund der Anwendung eines Zaubers um so mächtiger entlädt.

Verzweifelt ruft Herakles nach einem Beschwörer, einem Aoidos, einem Sänger, der mit *epaoide* magisch dagegen ansingen kann, um den Irrsinn zu stoppen.[102] Zugleich impliziert er hier vielleicht die stimmliche Komponente des Chors, der in der ihm eigenen Tragödie gewissermassen das Rad zurückdrehen könnte. Ohne die Zusammenhänge zu ahnen, sucht Herakles nach einem Gegenzauber (1000–1002). Liebe in potenzierter Form ergibt jedoch nur noch grössere Dynamik und Energie der Zersetzung, das totale Leid. Angesichts seiner Hautverätzung verlangt Herakles zugleich nach einem Meister der Heilkunst (χειροτέχνας ἰατορίας, 1000–1001). Doch da er selbst an der Liebe krankt, gibt es keinen Ausweg, ausser bei Zeus, der die Ate, die Verblendung, das Verhängnis, hinwegbeschwören und ihn erlösen kann. Wieder verwendet Herakles ein Verb (κατακηλέω, verzaubern, verhexen, 1002) aus dem Bereich der Magie, die zugleich die sinnlich-ästhetische Verzauberung (κήλησις) durch Gesang, archetypisch durch die Sirenen personifiziert, impliziert.[103] Doch wäre es für ihn ein Wunder (*thauma*, 1003): Dieses Wunder wird auf ganz andere Weise über die Grenzen des Stücks hinaus tatsächlich eintreten. Die Besänftigung des Rasens des Liebeszaubers kann nur durch Tod, Erlösung und Apotheose geschehen.

Die folgende Szene ist von lyrischer Klage bestimmt. Das Hervorbrechen der Stimme des Herakles ist die performative Entäusserung des Leids eines verbitterten Mannes. Das Gift verätzt und verbrennt ihn, noch schlimmer als man nach Deianeiras Beschreibung der Wirkung anhand der Wollflocke befürch-

---

102 Easterling 1982, 199–200 denkt hier an die medizinische Funktion der *epaoide*, mit der Herakles Heilung erbittet. Zugleich geht es hier eindeutig auch um die poetische Dimension, mit der sich der gefallene Held Autorität anzueignen wünscht. Vgl. ähnlich Nooter 2012, 174.

103 Vgl. Peponi 2012, bes. 70–94.

ten musste. Das Publikum wird Zeuge von Herakles' ultimativem Agon, seinem letzten Wettkampf von unendlichem Schmerz, von Drangsal, Mühen und Leiden, *ponoi*, die er zu überstehen hat. Das direkt am Körper ausgestellte Pathos wird als Krankheit (*nosos*) ausagiert. Liebe, die nach griechischer Vorstellung nie romantisches Glück bedeutet, sondern als *nosos* beschrieben wird, fällt hier auf den Verursacher zurück. In genialer Weise offenbart sich das tragisch miteinander verflochtene Liebesverständnis der Eheleute, das man nach der obigen Analyse durchaus als toxisch beschreiben kann, auf der Bühne ganz konkret als der nun vom Gift zerfressene Leib. In der Zirkulation der Substanzen manifestiert sich das Mittel der Liebesverzauberung in dem Zustand, der Liebe ausmacht.

Herakles, der dank seines toxischen Heldentums das Monströse besiegt hat, präpariert mit dem noch wirksameren Gift des Hydradrachens seine Pfeile, um als Zivilisationsheld damit weitere Ungeheuer der Vorzeit zu überwinden. Der Kentaur Nessos spielt, getroffen von Herakles' Pfeil, das Pharmakon aus seiner Wunde Deianeira mit dem lockenden Versprechen zu, dass sie damit, falls sie es einmal brauche, zauberhafte Liebesmacht über ihren Gatten besitze. Angesteckt vom Gift dieser patriarchalen Liebesordnung – Deianeira auf den Armen des Nessos, ist zugleich symbolisch vom Pfeil des Eros, der Liebe und Eifersucht getroffen –, vermag sie sich nicht mehr von dieser zu emanzipieren, sondern gibt ihm das Pharmakon mittels des weiblichen Gewands (*peplos*) als Geschenk zurück. Als Unterkleid, das auf der nackten Haut getragen wird, frisst es sich nun ein in die Haut, verätzt und verzehrt den ganzen Leib des Herakles. Es ist, wie Herakles in einer längeren Rede (1046–1111) verdeutlicht, wie ein Netz der Erinyen, das als selbstständiges Agens sich über ihn legt, sich an seine *pleurai*, seine Flanken, klebt – es war das Eroszentrum, in das sich Deianeira das Schwert stiess – und sich in die Haut frisst. Dann schlürft es die Lungenflügel aus und trinkt das Blut weg (1050–1056).

Mit dem Verweis auf die Erinyen und das Netz wird erneut ein Bezug zur *Orestie* hergestellt,[104] wo Klytämnestra den rückkehrenden Agamemnon in ein Netz von Schmeicheleien verstrickt und ihm bald konkret ein solches in der Wanne überwirft, bevor sie zum tödlichen Schlag ansetzt. Die Erinyen manifestieren sich zuletzt in den *Eumeniden* exakt als solche blutsaugenden Vampire. In seiner Logik kann Herakles Deianeira nur als ein Abbild von Klytämnestra deuten. Seine Liebe, wie die seiner Frau, ist im wahrsten Sinne verseucht. Die Metapher wird wiederum am Körper als grausame Krankheit in theatraler Weise konkret sicht- und erfahrbar, indem sie leibhaftig mit Stimme und Bewegung ausagiert wird.

In der Perversion der Begriffe fragt er, wie besprochen, nach einem Meister der Heilkunst (1000–1001) und bald bittet er Hyllos darum, er möge für ihn zum Arzt werden (1208–1209). Die Heilung und Befreiung von der gefährlichen Infektionskrankheit besteht für Herakles darin, dass Hyllos ihn bei lebendigem Leib verbrennt. Zugleich zieht er seinen Sohn damit in den fatalen Giftkreislauf hinein, indem er ihn zum Vatermörder machen möchte. Schon im lyrischen Austausch mit dem Alten beklagt Herakles, dass niemand ihm den Kopf abschlage (1015–1017). Beides ist nichts weiter als die Fortsetzung des Heldenwahns und die homöopathische Rezeptur in der Logik des Gifts. Es wirkt bereits am Körper wie Feuer. Mit einer wirklichen Verbrennung würde der Tod beschleunigt. Das Abschlagen des Kopfes erinnert an das Ende der Hydra (vgl. 1094), mit der Herakles der Vorstellung nach fusioniert.

Für den Helden, der die berühmten zwölf Taten erfolgreich vollendet hat (1048–1061, vgl. 1089–1102), bedeutet es, wie er nun seinem Sohn gegenüber klar macht, eine unglaubliche Schmach, nach dem Sieg über so viele Monster einer Frau, noch dazu seiner eigenen, zu unterliegen. Im rasenden Schmerz vergleicht er sich

---

104 Vgl. Mattison 2015, 12. Zur Erinys vgl. auch *Trach*. 809 und 895.

sogar selbst mit einer weinenden Jungfrau und einem schreienden Mädchen. Angesichts der Hilflosigkeit fühlt er sich in seinem Leid insgesamt verweiblicht und als Frau, da, wie Roland Barthes zeigt, der Liebende stets zur Frau wird (1070–1075):[105]

So geh, mein Kind, und nimm's auf dich! Erbarm dich meiner,
der in den Augen vieler Mitleid weckt: der ich gleich einem Mädchen
heul und weine – doch es könnte niemand sagen,
er hätte diesen Mann hier je zuvor gesehn sich so verhalten.
Nein, denn immer ohne Seufzen unterzog ich allen Übeln mich.
Nun aber findet sich's: ein Weib bin ich und war doch solch ein Mann –
ich Armer!

Die griechische Tragödie löst in ihren Verzerrungs- und Verkehrungstendenzen die in der Gesellschaft gültige feste Genderordnung kurzfristig auf und stellt sie damit in Frage. Wie Deianeira in ihrem Tod männliche Verhaltensweisen aufnahm, so wird der hypervirile Superheld nun im Schmerz einer Frau angeglichen. In seiner ihm eigenen entsetzlichen Gesetzmässigkeit (vgl. *kallistos nomos*, 1177–1178) fordert Herakles jetzt Hyllos auf, sich als sein wahrer Sohn zu bewähren (1064–1065):

Mein Sohn! Nun zeige dich mir als mein echtgeborner Sohn
und achte nicht der Mutter Namen höher!

Aufgrund Herakles' Feminisierung muss Hyllos, der im Stück auf der Schwelle vom Epheben zum vollwertigen Mann gezeigt wird, nun in seine Fussstapfen treten und sich als Mann sowie neuer Herakles beweisen. Daher befiehlt Herakles seinem Sohn mit aller patriarchaler Autorität,[106] ihm die Mutter zur Rache zuzuführen, die er zu erschlagen sehnt, genauso wie er dies bei Lichas vorher auf brutale Weise am Kap Kenaion getan hat (779–781).

105 Barthes 1977, 20.
106 Vgl. Wohl 1998, 3–16; Seferiadi 2022, 127–134.

Zum Zweck, ihn dazu zu bewegen, deckt er sich auf der Liege auf und zeigt seinen geschundenen Leib – eine weitere Steigerung der Pathosausstellung (1079–1080). Aus dem Sagen wird konkretes Sehen, und in der drastischen Ecce-Homo-Szene kontrastiert er seinen aktuellen Zustand nochmals mit den zwölf Heldenarbeiten und den zahlreichen anderen Taten (1089–1102).

Den Abschluss der Szene bildet ein längerer Dialog zwischen Hyllos und Herakles (1114–1258). Erst jetzt erfolgt für Herakles die Aufklärung der wahren Umstände, die der Sohn ihm angesichts seines Jähzorns schonend beibringen muss. Herakles könne sich gar nicht mehr an Deianeira rächen, da sie bereits tot sei. Hyllos scheint dabei seine Mutter zu verteidigen, was den vergifteten Vater, der absolute Loyalität verlangt, vollkommen aufbringt. Hyllos bewertet ihr Tun folgendermassen: Gefehlt habe Deianeira, aber ohne Willen und Absicht (1123), und noch positiver: Sie habe eine Missetat verübt – und wollte doch nur Gutes (1136). Schliesslich auf die Liebesmagie kommend, meint Hyllos, Deianeira wähnte, Liebeszauber über Herakles zu legen, dabei habe sie jedoch einen Fehler begangen und sei abgekommen (1138–1139).

Wie in einer öffentlichen Gerichtsverhandlung bildet sich das athenische Publikum darüber ein Urteil. Vieles im Text spricht für diese Version. Als Herakles nun davon hört, dass hinter allem Nessos steht, gelangt er wie alle Figuren und die gesamte Menschheit zu allzu später Erkenntnis. Die Ungeheuer, die der Zivilisationsheld besiegte, schlagen zurück. Der Held sieht nun klar sein Ende. Hinter dem Geschehen walten die Götter, sie geben Zeichen und Orakel, die Herakles erst jetzt versteht. Göttliche Sprüche werfen sich über sein Leben wie ein Netz, in das er sich verstrickt. Zugleich erstrecken sie sich in einem Geflecht von inneren Bezügen über das gesamte Stück.[107]

107 Vgl. Wilamowitz-Moellendorff 1917, 116–133; Bowman 1999; Segal 2000; Armoni 2001, 68–77.

So führt Herakles nun eine bisher noch nicht erwähnte Prophezeiung aus früher Zeit an, dass er von einem sein Ende zu fürchten habe, der schon im Hades wohne. Nessos hat sich über seinen Tod hinweg Deianeira zum Medium für seine Rache gemacht. Zu diesem Spruch vor vielen Jahren fügt sich das schon mehrfach angesprochene Dodona-Orakel, das er viel zu spät erst jetzt versteht (1164–1173):

Und zeigen will ich, wie mit diesen sich die neuen
Sprüche decken, zu den alten stimmend,
sie, die ich, nach Eintritt in den Hain der Priester von Dodona,
der Bergbewohner, die am Boden schlafen, dort mir niederschrieb
von meines Vaters Eiche, die mit vielen Stimmen spricht:
Die für die Zeit, die lebt und die jetzt ist,
verhiess, dass ich von aller Mühsal, die mir aufgebürdet ist,
Erlösung fände; wohlergehen werd es mir, so wähnte ich.
Doch hiess nichts andres dies, als dass ich sterbe,
denn auf den Toten lastet keine Mühsal mehr.

In der falschen Interpretation fixierte Herakles die Prophezeiung auf eine Tafel, die er Deianeira gab, die daraus ebenfalls unzutreffende Schlussfolgerungen zog. Die angekündigte Erlösung (*lysis*) von allen Mühen bedeutet nicht die Alternative, dass das Schicksal sich entscheidet, ob er entweder zu sterben habe oder dann ein Leben ohne Sorgen fortführen könne, ebenso wenig wie Herakles glaubte, dass er sich sicher sein könne, sich ab dem heutigen Tag auf ein unbeschwertes Leben im Glück zu freuen, sondern immer nur das Ende seines Lebens. Der für jetzt terminierte Tod, so hat er immer noch nicht ganz verstanden, eröffnet ihm jedoch die Änderung seines Status vom Menschen zum Helden bzw. in seinem Fall sogar zum Gott in einem mühelosen Dasein.

### Herakles' testamentarische Aufträge als Zumutungen

Doch angesichts dieses teleologischen Hintergrunds bereitet Herakles nun sein Ende vor. Dabei fordert der im wahrsten Sinne toxische Mann zwei Zumutungen von seinem so fragilen Sohn ein. Widerrede oder nur Zaudern sind nicht erlaubt. Damit Hyllos gar nicht anders kann, als ihm nach der schönsten Gesetzmässigkeit, dem *kallistos nomos* (1177–1178), des Patriarchats Folge zu leisten, bindet Herakles ihn vor der Offenlegung der Inhalte mit einem Eid (1181–1190). Hyllos ist in der Tat schon bisher von dem Schreckensvater eingeschüchtert. Die Überwindung der Angst und der Schritt zur vollen Loyalität entspricht dem mühevollen Weg des Epheben zum Mannsein. Der Eid erinnert an den berühmten Ephebeneid in Athen. Mit etwas Widerwillen fügt sich Hyllos dem Schwur samt Selbstverfluchung bei Nichteinhaltung.

Da verlangt Herakles von seinem Sohn, er solle den Scheiterhaufen am Berg Oita aufschichten lassen, ihn dort aufrichten und dann das Feuer entzünden. Der Sohn ist entsetzt, es entspräche einem Vatermord und einer Befleckung. Hyllos kann wenigstens durchsetzen, dass er nur die Organisation der Verbrennung vornehme, aber nicht persönlich Hand anlege (1191–1215). Diese Aufgabe muss im Mythos dann jemand anderer, Poias, der Vater des Philoktet, oder Philoktet selbst übernehmen. Herakles hätte in seinem Exzess auf die religiöse Befleckung des Sohnes keine Rücksicht genommen.

Nun kommt Herakles mit dem zweiten testamentarischen Auftrag, der Sohn solle Iole zur Frau nehmen. Dies ist für ihn die ultimative Zumutung. Dementsprechend gross ist Hyllos' Entsetzen. Iole, die am ganzen Leid der Familie schuld ist, soll er vom Vater übernehmen. Es ist erneut wie eine Übertragung einer Seuche vom Vater auf den Sohn. Das Objekt der toxischen Liebe, infolge deren die Familie sich auflöst, soll sich jetzt mit dem noch nicht Infizierten ehelich verbinden, weil der Vater es nicht erträgt, dass Iole ein anderer zur Frau bekommt. Hyllos zögert und kann das nur noch als Ausdruck der totalen Krankheit und des Wahnsinns deuten. Als schliesslich Herakles auf seinen Befehlen besteht und den Willen der Götter vorschiebt, ist dies dem völlig machtlosen jungen Mann als Ausweg willkommen, den schrecklichen Anordnungen Folge zu leisten (1216–1251).

Beide Momente des Zögerns ermöglichen einen Spielraum, diese fatale patriarchale Ordnung getrennt nach festen Geschlechterrollen kurzzeitig in Frage zu stellen. Im Zögern werden die Risse in dem ideologischen Fundament deutlich. Auf der Folie des epischen Heldenbilds, das trotz aller Exzesse der athenischen Gesellschaft die geistige Grundlage liefert, werden im Zeichen des Dionysos die Werte der Polis problematisiert. Zugleich setzt sich das Regime des Vaters jedoch durch. Der Mythos und der ideologische Unterbau müssen schliesslich bestätigt werden. Denn aus der Ehe zwischen Iole und Hyllos gehen die Herakliden hervor, auf die sich die Dorer zurückführen. Ausserdem sind sie wie Herakles, der gerade in Athen auf so besondere Weise verehrt wurde, panhellenisch bedeutsame Akteure.

Durch die Tatsache, dass alles Wirken der Götter ist, wird also alles auf die Ebene des Gegebenen zurückgebogen. So kommt es für Vater und Sohn am Ende des fünften Epeisodions (971–1258) zu einem guten Ende. Die heilsgeschichtliche Teleologie rückt damit in den Fokus, ohne dass sie mehr inszeniert werden muss. Für das Publikum ist die Apotheose am Berg Oita durch das mythische Gedächtnis präsent. In vielerlei Hinsicht werden somit die autoritativen Verfügungen des Herakles zum göttlichen Gebot. Indem er nämlich demnächst mit seinem Tod auf dem Scheiterhaufen im nahen Gebirge zum Gott erhoben wird, wird er zu einer Art *deus ex machina*, ohne dass er allerdings von der speziellen Theatervorrichtung aus spricht.[108]

108 Vgl. Seferiadi 2022, 122.

## Die Frage nach den Göttern und der Rolle des Zeus

In der Exodos (1259–1278) wird dieser Schwenk hin zum Happy End weiter in Szene gesetzt. Herakles versucht sein Leidensgebrüll nun zu unterdrücken, damit in freudigerer Stimmung Vorbereitungen für die grosse Tat am Oita durchgeführt werden können. Hyllos gibt seinen Gefährten Order, die Trage samt Helden anzuheben. Er bittet jetzt interessanterweise darum, einerseits grosses Verständnis und Verzeihung in Bezug auf seinen anfänglichen Widerstand und das Zögern seinem Vater gegenüber aufzubringen, andererseits zu erkennen, wie verrückt und unvernünftig die Götter in den Geschehnissen aufgetreten sind (1264–1269). In der ephemeren Sichtweise der Menschen bleibt ihr Handeln unverständlich. Die Götter, wie besonders im Falle von Aphrodite gesehen werden konnte, bleiben nur Zuschauer dieser Leiden, ja stacheln sogar zum Leiden an (1270–1274):

Zwar das, was künftig geschieht, sieht keiner voraus,
doch was jetzt vor sich geht, ist kläglich für uns
und schändlich für sie,
doch am schwersten von allen
für ihn, der dieses Unheil erlebt.

Aus der begrenzten Perspektive kann man das Verhalten der Götter in dieser Leidensgeschichte eines Menschen nur heftig kritisieren.[109] Die Chorführerin betont richtigerweise ganz am Ende (1275–1278), dass man hier grosse und unerhörte Todesfälle im Theater sehen konnte, auch viel neuartiges und bisher ungewöhnliches Leid, und dass «in alldem nichts ist, was nicht Zeus ist» (1278).

Der Chor als autoritative Stimme hebt sich unbewusst über die zu einfache Kritik hinweg. Zeus steht hinter dem Leid, doch der Sinn erschliesst sich nur, wenn man auf die Ereignisse

109 Zu dieser Kritik vgl. Budelmann 1999, 169–171.

danach blickt. Zeus gibt Zeichen, die der Mensch richtig deuten könnte, um schreckliches Geschehen im Voraus zu sehen und selbst die Sinnhaftigkeit des schlimmsten Leids wie des Todes zu verstehen. Durch die Fehlinterpretation wird alles zu einer Verkettung von Ereignissen furchtbarsten Unglücks. Doch Herakles' Ende am Berg Oita war schon immer vom Göttervater vorbestimmt, um seinen Sohn in den Kreis der seligen Olympier aufzunehmen. Der Mensch ist zudem wegen seiner Fehler, falschen Deutungen, verhängnisvollen Leidenschaften und ideologisch-gesellschaftlichen Konstrukte selbst für das Leid verantwortlich. Und dabei wähnt man sich noch bei allem Tun im Einklang mit den Göttern. Zudem projiziert man sich für seine erotischen Triebe und die Komplikationen in Liebesangelegenheiten, die aufgrund gesellschaftlicher Geschlechterrollen entstehen, noch eine zuständige Gottheit wie Eros in den Götterhimmel. Einschreiten werden die Götter für die Menschen nicht. Vom Mythos der Verwandlung vom leidgeprüften Sterblichen zum Gott können die Menschen ausser Trost nicht viel Gewinn beziehen. Für sie bleibt, wie man es auch drehen und wenden mag, nur die Katastrophe. Und es ist genau die Aufgabe der Tragödie, immer wieder in aller Drastik auf die Diskrepanz hinzuweisen, dafür mitverantwortliche Diskurse zu hinterfragen und vor der versammelten Polis zur Debatte zu stellen.

## Fazit und die politische Funktion

Nach der *tour d'horizon* durch diese faszinierende Tragödie ist ihre Aktualität offensichtlich. Die Forschungsgeschichte zeigte, dass dem 19. und frühen 20. Jahrhundert der Zugang gerade zu den *Trachiniae* durch besonders seit der Aufklärung gewachsene Voreinstellungen und Grundannahmen in vielerlei Hinsicht verbaut war. Aufgrund radikal veränderter soziohistorischer Bedingungen nach dem Zweiten Weltkrieg entwickelten sich in der Gesellschaft seit den 1960er Jahren neue Diskurse und Fragen, die die modernen Kultur- und Geisteswissenschaften revolutionierten. Sie fanden auch Einzug in die Literaturkritik und in die Gräzistik. Zu nennen sind die Soziologie, die Psychologie, Anthropologie, der Strukturalismus und Poststrukturalismus, Gender Studies, ferner die diversen *cultural turns*, zunächst der *linguistic turn*, der dann seit den 1980er Jahren sehr bald durch weitere *turns*, etwa den *narrative, performative, postcolonial, gender/queer, translational, mnemonic, iconic/pictorial, medial, spatial, global/glocal, material, corporeal, emotional, cognitive* oder *religious turn* ergänzt und teilweise abgelöst wurde. In der Ästhetik vollzog sich ein Perspektivenwechsel von der Repräsentation zur Performance. Parallel dazu war auf der Bühne eine Wende vom dramatischen zum postdramatischen Theater zu verzeichnen. Die Wiederaufführungen von antiken Tragödien spielten in ästhetischer und diskursanalytischer Hinsicht eine führende Rolle in all diesen Entwicklungen, was wiederum Rückwirkungen auf die disziplinär-philologische Kritik hatte.

Was früher auf Unverständnis stiess und zur ästhetischen Ablehnung führte, kann nun plötzlich gewürdigt werden. In den *Trachiniae* fliessen sämtliche Diskurse im Brennspiegel einer Ehe von Mann und Frau unter dem Zeichen von Eros, Aphrodite und Dionysos zusammen, wobei über allem Zeus als Lenker des kosmischen Willens steht.[110] Beide Hauptfiguren, Deianeira und Herakles, sind aufs engste in dem Mechanismus der Liebe miteinander verstrickt. Eros entlädt sich umfassend zur Krankheit und tragischen Katastrophe. Jenseits der Zerstörung eines Hauses und einer Familie geht es um die Auswirkung auf die grössere Gemeinschaft, die Polis, Griechenland, die Welt und den ganzen Kosmos. Voraussetzung der disruptiven Kraft des Eros samt seiner Entwicklung zur Seuche und Pest ist die gesellschaftliche Ordnung, die strenge Aufteilung des Zusammenlebens nach fes-

110 Davies 1991, xix.

ten Genderrollen in einer segregierten Welt, die Erwartungen an Verhalten und Scham bei Überschreitung mit sich bringt. Die Persönlichkeiten sind in dieser Welt nicht von Natur aus psychisch krank. Vielmehr leiden die Figuren, wie man heute sagt, an den gesellschaftlichen Verhältnissen eines gefährlichen Systems von Zwängen in einer *shame culture*.

Selbstverständlich weisen Deianeira und Herakles bestimmte, vielleicht auch genetisch angelegte psychische Dispositionen auf. Doch in den *Trachinierinnen* geht es vor allem darum, wie die gesellschaftlich gebundenen Akteure in einem schon bestehenden Mythos krank werden. Eros, der bekanntlich als *nosos* definiert wird, wirkt auf die unterschiedlichen Geschlechter mit ihren restriktiven Normen verheerend. Liebe hält zwar irgendwie die Geschlechter im *oikos* und in der Polis zusammen, doch kippt sie systemimmanent in das Gegenteil und manifestiert sich als Katalysator, der alle Bindungen zerstört. Das zunehmend aus falsch verstandener Liebe und gefährlichen Ideologemen bestehende toxische Gemisch entlädt sich als Krankheit, Seuche und Pest, das dann wie reines Gift die Auflösung und totale Zersetzung des Hauses bewirkt. Im Theater wird diese gefährliche Liebeskonstellation durch Objekte, Zeichen, Symbole und Sprache ganz konkret als Krankheit manifest, die in aller Drastik den Körper zersetzt. Der daraus resultierende Schmerz und das körperliche wie auch seelische Leid werden in Performance ausgestellt. Der Körper des Helden und Herrschers ist zugleich das Bild für die Gesellschaft und die ganze Welt. Der Chor der jungen Mädchen, die das Geschehen begleiten, sowie Hyllos und Iole, die ebenfalls am Zustand kranken, können nach der schmerzhaften Auflösung trotz aller schrecklichen Erfahrungen den Weg für die nächste Generation einschlagen. In der Entladung des Pathos entsteht vielleicht sogar ein wenig Katharsis, Reinigung von der Seuche, ganz ähnlich wie dies Aristoteles in seiner *Poetik* andeutet. Dies gilt umso mehr für den Zuschauer, der einerseits durch eigene Erfahrung, andererseits durch emotionale Empathie die performativ manifest gemachten Entäusserungen von Leid selbst miterlebt.

Im Zuge der beschriebenen Wenden wurde ab den 1980er Jahren die politische Dimension der griechischen Tragödie verstärkt herausgearbeitet. Die Tragödien des Klassikers Sophokles werden seitdem nicht mehr einfach als Weltliteratur, sondern als Aufführungen betrachtet, die in der Einbettung in das Leben der Polis und aufgrund der Okkasion zu einem bestimmten Jahr eine spezifische Funktion für Athen besitzen. Für die *Trachinierinnen* einen genauen Anlass und Zweck festzulegen, ist allein schon aufgrund der Unbestimmtheit des Aufführungsdatums schwierig. Ferner erscheint die Familiengeschichte über Deianeira und Herakles in Trachis diesem Deutungsansatz zuwiderzulaufen.

Sophokles, Sohn des Sophilos aus dem attischen Demos Kolonos und geboren im Jahre 497/96 v. Chr. wurde 90 Jahre alt und war als engagierter Bürger über das ganze fünfte Jahrhundert v. Chr. engstens mit dem öffentlichen Leben der demokratischen Polis Athen verbunden.[111] Trotz seiner enormen Schaffenskraft als Dichter – er schrieb wohl 113 Tragödien und siegte mindestens achtzehn Mal im Agon der Dionysien – bekleidete er mehrfach hohe politische Ämter. So war er 443/42 *hellenotamias*, also Schatzmeister des Delisch-Attischen-Seebundes, und 441/40 im Samischen Krieg zusammen mit Perikles *strategos*.[112] Das Amt des Heerführers wurde ihm nochmals 428, vielleicht auch 423/22 übertragen. Im Jahre 413 nach der Katastrophe der Sizilischen Expedition war er massgeblich an der die radikale Demokratie eindämmenden oligarchischen Reform beteiligt, weshalb er in den Jahren 413–411 das Amt des *proboulos* innehatte.

---

111 Zu Sophokles' Leben vgl. u. a. Flashar 2000/2010, 30–41.

112 Aufgrund der Nachricht der *hypothesis*, Sophokles sei wegen der *Antigone* zum Strategen gewählt worden, ist die *Antigone* wohl auf 441 (nicht 442 v. Chr.) anzusetzen.

Der Zeitrahmen, der für die *Trachiniae* in Frage kommt, fällt am nächsten mit seinem gemeinsam mit Perikles ausgeübten Strategenamt im Samischen Krieg und der dominierenden Position des Perikles in der Polis zusammen. Die Kriegsführung des Perikles muss brutalste Züge ausgewiesen haben. Neben einer eventuellen Kritik am Hang zur Gewalt scheint Sophokles überhaupt die autoritären Tendenzen des führenden Politikers der Zeit vielleicht im Sinn gehabt und sie mit Herakles assoziiert zu haben. Eros als Streben nach Macht und Ausdehnung auf weitere Gebiete sowie Krankheit als daraus resultierender Mängel- und Auflösungszustand waren durchaus gängige Metaphern im politischen Diskurs der damaligen Jahre.[113]

Neben solchen konkreteren Formen einer wie auch immer gearteten vorsichtigen Kritik an dem führenden Politiker Perikles, mit dem Sophokles zugleich in engstem Kontakt stand und den er bewunderte – eindeutig nachzuweisen ist sie nicht und parteiische Meinungsäusserung war für den Erfolg im Wettbewerb eigentlich kontraproduktiv –, ist das Politische der Tragödie bekanntlich noch mehr im Allgemeinen zu veranschlagen. Die attische Tragödie ist offensichtlich im weitesten und umfassenden Sinn politisch, weil sie Reflexionen über alle Bürger betreffende Probleme auszulösen vermag, über die man in der Volksversammlung nicht debattieren konnte und für die sich sonst keine Gesprächsforen anboten.[114] Man kann also mit hoher Wahrscheinlichkeit vermuten, dass die in den *Trachinierinnen* zur Debatte gestellten Fragen der Genderordnung und der erotischen Ökonomie angesichts der realen Unterdrückung der Frauen virulent waren. Die strikte Trennung der Geschlechter, die Reduzierung der Frau auf den Objektstatus, die strengen Rollenerwartungen selbst im Intimleben, die Orientierung der

---

113 Vgl. Mitchell-Boyask 2008, 67–104, bes. 97–104.

114 Vgl. Meier 1988, bes. 7–47, 226–239 (2. Aufl. 2022, 226–230, 276–279).

Männer an heroische Vorbilder, das Ausleben einer Kultur der Ehre, die ständige Sucht nach Ansehen bei gleichzeitiger Bedrohung durch Gesichtsverlust und das Streben nach Macht und Eroberung einhergehend mit Gewaltexzessen wurden offenbar zunehmend als ein Problem für das Zusammenleben der Geschlechter und aller Bürger angesehen. Noch bedenklicher wurde offenbar empfunden, dass durch das Aufstauen falscher Gefühle und Emotionen die Ehe, der Gefühlshaushalt an sich und damit auch das Zusammenspiel von Haus und Polis aus dem Gleichgewicht gerieten. Bedingt durch die ständig anwachsenden militärischen Unternehmungen und kriegerischen Expansionen waren die Männer immer häufiger abwesend und verstrickten sich in eine Logik der Gewalt.

Seit den Perserkriegen war Athen rasch zur führenden Macht aufgestiegen. Die Möglichkeiten steigerten sich in bisher nicht gekannte Dimensionen. Offenbar war es Voraussetzung der radikalen Demokratie, durch permanente Ausdehnung und Kriege die unteren Schichten einzubeziehen. Zugleich stellte sich vermehrt das Gefühl einer nicht nur erotischen Dysfunktionalität ein. Die tiefgehende Krise im familiären und erotischen Zusammenleben hatte Auswirkungen auf die psychische und mentale Verfassung der Gesamtpolis. Gerade mit dem aufkommenden medizinischen Diskurs gewann man den Eindruck, dass sich die Krise als umfassendes Siechtum der Polis und ihres Unterbaus präsentierte, zumal Eros traditionell mit Krankheit verbunden wurde.

Nach Christian Meier «brauchten die Athener die Tragödie», um Unwuchten in der seelischen und geistigen Grundstruktur zu bearbeiten.[115] Im Zeichen des Dionysos und Eros kann sich eine Frau wie Deianeira trotz aller Einschränkungen

115 Meier 1988, bes. 7. Er spricht von der Notwenigkeit der Tragödie für die Pflege der «mentalen Infrastruktur» der Bürger (9). Auch in der erweiterten zweiten Auflage findet neben dem *Aias* und der *Antigone* neu

des psychischen und mentalen Freiraums kurz zu eigenständigen Handlungen aufschwingen, die die Figuren in einer pervertierten Liebesordnung der gegenseitigen Verschränkung fatalerweise in die Katastrophe führen. Nach der Auflösung folgt die erneute Affirmation der Ordnung, wobei die Entwicklung ebenso im rituellen Rahmen durch das Ende des Ausnahmefestes unterstrichen wird. Dies ist also die im weitesten Sinne politische Dimension dieser Tragödie, die für damalige Verhältnisse ziemlich revolutionär war. Die verhandelten Themen wie Genderrollenverhalten, Ideologien der Männlichkeit und Weiblichkeit, Heldentum, Krieg, Gewalt, Mutterrolle, Trauma und weibliche Verstrickung in einen gefährlichen *circulus vitiosus* der Liebesökonomie sind erschreckend aktuell, so dass das Stück bei einer zeitgenössischen Wiederaufführung ganz ähnliche Reaktionen auslöst wie vor 2500 Jahren.

## Kurze Geschichte des Nachlebens des Stoffes von der Antike bis ins 18. Jahrhundert

Cicero übersetzte die grosse Rede des Herakles (1046–1102) in seinen *Tusculanae Disputationes* (2.20–22),[116] um die Kraft des Schmerzes aufzuzeigen, die selbst ein so herausragender Held wie Herakles erdulden musste. Ovid integrierte die Geschichte von Deianeira und Herakles in seine *Metamorphosen*. Zunächst stellte er den Anfang der Liebesgeschichte dar und erzählte aus der Perspektive des Flussgottes Acheloos (9.1–97). Deianeira bleibt dann auch in der nächsten Szene (9.98–272) zunächst das Objekt der Begierde. Dementsprechend wird die Nessosepisode präsentiert. Es folgt Deianeiras eifer- und rachsüchtige Reaktion auf die Nachricht, Herakles habe Iole zur Geliebten genommen.

---

nur *König Ödipus* Aufnahme; die *Trachinierinnen* werden nicht einmal erwähnt.

116 Vgl. u. a. Levett 2004, 115–122; Rodighiero 2004, 40–44; Mills 2017, bes. 516–524.

Nach der Giftattacke verbrennt ihn zuletzt Philoktet auf dem Berg Oita. In einem dritten Teil kommt Iole, die von Herakles schwanger ist und von ihm den Befehl erhält, Hyllos zu heiraten (9.273–323). In Ovids *Heroides* 9 schreibt Deianeira an Herakles einen Brief, der Ovids Esprit spiegelt. Deianeira projiziert ihre Ängste auf Iole, während sie sich als selbstbewusste Kämpferin für seine Liebesgunst ausgibt. *Hercules Oetaeus*, eine Tragödie aus dem ersten Jahrhundert, die dem stoischen Philosophen Seneca zugeschrieben wird, fokussiert ganz die Leiden des hier nicht dekonstruierten Helden sowie seine Apotheose am Berg Oita, während Deianeira hier weniger positiv und sympathisch gezeichnet wird. Sie spielt die ungestüme Leidenschaft aus, während Herakles nach stoischem Vorbild die Leiden souverän erträgt. Deianeira scheint hier die Tat trotz der Warnungen der Amme ganz bewusst durchzuführen, aber gegen Ende ist sie dennoch entsetzt und bedauert alles. Herakles' Leid ist in der für Seneca typischen Weise noch krasser und grausamer als bei Sophokles gezeigt.

Die weitere Rezeption ist von der Spannung zwischen Herakles' grosser Popularität und der relativen Bedeutungslosigkeit der *Trachiniae* und Deianeiras gekennzeichnet. Vieles lief in der Folge nicht mehr direkt über Sophokles, sondern die Tradition bestimmten weitgehend Ovid und Seneca. Denn erst relativ spät ermöglichten Übersetzungen eine grössere Verbreitung des Sophokleischen Originals. Joost van den Vondel übersetzte die *Trachiniae* zum ersten Mal 1668 ins Holländische, dann Thomas Sheridan 1725 ins Englische. Die wahrscheinlich erste deutsche Übersetzung verfertigte Johann Heinrich Merck. Sie erschien 1779 unter dem Titel *Der Tod des Herakles*, 1804 folgte die Übertragung von Friedrich Ast.

In Dantes *Inferno* (12.67–69) ist Nessos' Rache an Deianeira erwähnt, bei Boccaccios *De praeclaris mulieribus* kommt in Kapitel 23 die Liebe des Herakles zu Iole vor und in Kapitel 24 wird die Geschichte von Deianeira berichtet. Geoffrey Chaucer brachte im späten 14. Jahrhundert die Geschichte in *Monk's Tale* (v. 231–254), die einen Teil der *Canterbury Tales* darstellt. In Shakespeares *Antonius und Cleopatra* (ca. 1606/7) bezieht sich Antonius angesichts der Ausweglosigkeit seiner Situation in seiner Abhängigkeit von der ägyptischen Königin im vierten Akt, zehnte Szene (v. 55–62) explizit auf den im Nessoskleid sterbenden und vor Schmerz rasenden Herakles. Im Französischen verarbeiteten die Geschichte der Apotheose am Berg Oita Jean Rotrou in *Hercule Mourant* (1634) und Jean François Juvenon La Tuillerie in *Hercule* (1682) ohne grösseren Bezug zu Sophokles. Die Geschichte der tragischen Liebe zwischen Deianeira und Herakles fand auch Eingang in den dritten Tag der *Los tres mayores prodigios* von Pedro Calderón del la Barca (1636). Händel gründete sein Oratorium *Hercules* (1744) auf einem Text von Thomas Broughton, der erneut Sophokles mit Ovid kombinierte. Erst mit Schlegel setzte dann im 19. Jahrhundert die moderne Rezeption und Forschung zu den *Trachinierinnen* ein.

## Kurze Geschichte des Nachlebens auf der modernen Bühne

In England wurden die *Trachiniae* schon 1877 von Henry Fleeming Jenkin in Edinburgh in der Prosaübersetzung von Lewis Campbell im Theater gezeigt.[117] Vorher fanden zahlreiche freiere Bearbeitungen meist nach Senecas *Heracles Oetaeus* und bisweilen in Aufnahme von Elementen von Sophokles' Original den Weg auf die Bühne. Es gab in dieser Zeit zahlreiche Aufführungen von Herakles-Tragödien, die die *Trachiniae* neben Euripides und Seneca verarbeiteten. Dabei herrschten Titel wie *La morte d'Ercole* und *Deianira* vor, die im 18. und frühen 19. Jahrhundert in Mode waren.

117 Vgl. u.a. Rodighiero 2004, 44–47; Mills 2017, 524–528.

Das 20. Jahrhundert begann mit einer ‹tragédie lyrique› namens *Déjanire* von Camille Saint-Saëns (1911) mit dem Libretto von Louis Gallet. Hier spielt zudem Philoktet als Gatte der Iole und Herakles' Freund eine Rolle. Am Tag der Hochzeit mit Iole, zu der sie gezwungen wird, um den Helden zu retten, schickt Deianeira das Kleid. Herakles wirft sich in das Hochzeitsfeuer, um in den Olymp aufzusteigen. Im Jahre 1917 integrierte Frank Wedekind zahlreiche Quellen zu seinem hochkomplexen Stoff *Herakles*, in dem die Geschichte der *Trachiniae* natürlich auch prominent vorkommt.

Auf der deutschsprachigen Bühne wurde das Stück in einer mehr oder minder textnahen Fassung vergleichsweise selten aufgeführt. Zunächst ist eine Inszenierung in Düren Anfang 1944 zu erwähnen. Gegen Ende des Zweiten Weltkriegs inszenierte man die *Trachinierinnen* im Nazireich angesichts der totalen geistigen Mobilmachung, die trotz der bevorstehenden Niederlage zum Durchhalten bis auf den letzten Mann aufrief, offenbar als Stück des heroischen Kampfs, des Untergangs des glorreichen Helden und der wartenden Ehefrau zu Hause.[118] Um diese unrühmliche Vergangenheit in Vergessenheit geraten zu lassen, griff man danach in der frühen BRD zu ritualistischen Spielweisen der antiken Tragödie. Dementsprechend inszenierte Gustav Rudolf Sellner im Jahre 1959 das Stück in strengem ritualisiertem Spiel mit Vollmasken in Darmstadt. Sellner war eng in das NS-Regime und dessen Kulturpolitik verwickelt, weswegen er sich nach dem Krieg einer Entnazifizierung unterziehen musste. Nach 1948 machte er schnell wieder Karriere und tritt typischerweise mit ritualistischen Tragödieninszenierungen hervor.[119] So griff er auf Ezra Pounds erst 1954 geschriebene, ästhetisierend archaisierende und durchaus idiosynkratische Fassung zurück, die eine Reduktion darstellt und zunächst

118 Vgl. Flashar 1991, 169.
119 Vgl. Flashar 1991, 202.

als Hörspiel ausgestrahlt wurde. Er verfasste *Women of Trachis* also noch im St. Elizabeths Hospital in Washington, wo er zwischen 1945 bis 1958 wegen psychopathologischer Persönlichkeitsstörung unter strengen Sicherheitsmassnahmen festgehalten wurde, nachdem ihm attestiert worden war, dass er einen Prozess wegen Vaterlandsverrats nicht durchstehen würde. Nach Meinung des Dichters mit faschistischer Vergangenheit, der seine weiterhin gefährliche faschistoide Gesinnung in zum Teil hochpoetischer Form auf die Antike projizierte, ist das Stück Ausdruck höchster Einfühlsamkeit, weswegen er es mit einem ritualistischen Tanzdrama nach Art des japanischen Noh-Theaters assoziierte. So meinte er: «The *Trachiniae* represents the highest peak of Greek sensibility registered in any of the plays that have come down to us, and is, at the same time, nearest the original form of the God-Dance.»[120]

Hansgünther Heymes Inszenierung in Köln aus dem Jahr 1976 nach der Übersetzung von Wolfgang Schadewaldt gilt in der deutschsprachigen Aufführungsgeschichte als die erste wirklich ernsthafte, am Original ausgerichtete Aufführung der *Trachiniae*. Hellmut Flashar beschreibt sie als «Endspiel einer archaischen Epoche, in der Helden aussterben, in der schwache Söhne [...] die Bürde der Väter als drückende Last in einer nachwachsenden, vaterlosen Gesellschaft tragen» und die Frauen nun die Initiative übernehmen. Den für ihn typischen ritualisierenden, im Gegensatz zu Sellner aber mit aktualisierendem Anstrich, liess Heyme dieses Mal beinahe vollkommen fallen. Nur Deianeira, die wie die anderen Figuren in stilisierten Gesten und Bewegungen agierte, trug eine Halbmaske aus Leder. Immerhin gab es einen Chor von neun Frauen. Sie sassen freilich weitgehend an der Längsseite des Zuschauerraums auf einem

120 Pounds eher an der Alltagssprache orientierte Fassung *Women of Trachis* erschien zuerst in *The Hudson Review* 6, 1954, 487–523, dort das Zitat als Einführung (487).

Gerüst und rührten eine Tonmasse an. Erst gegen Schluss trat der Chor auf die Bühne und errichtete jeweils als zeichenhaften Ersatz für die beiden Hauptfiguren eine grosse männliche und weibliche Puppe mit riesigen Geschlechtsmerkmalen, offenbar Symbole archaischer Triebhaftigkeit und sexueller Begierde. Dazu stellte Heyme in einer Art Diptychon *Herakles 5* von Heiner Müller als Kontrast.[121] Der DDR-Künstler verfasste das Stück, das die fünfte Arbeit, die Säuberung des Augiasstalls behandelt, schon Mitte der 1960er Jahre. 1974 wurde es in West-Berlin uraufgeführt. Müller integrierte dabei gezielt Vielstimmigkeit und Ambiguitäten in den Text und erzielte damit einen semantischen Überschuss, der die offizielle ideologische Vorgabe, Herakles als vorbildlichen sozialistischen Arbeiterhelden zu zeigen, systematisch dekonstruierte. Im Zweierspiel erzielte Heyme damit eine prismatische Gesamtschau eines Helden, der vor den Augen des Publikums trotz antiker Grösse und ritualisierender Zelebrierung erodierte.

Matthias Langhoff brachte dann 1999 die ironisch-patzige Bearbeitung *Die Trachinierinnen des Sophokles oder Macht Liebe Tod* in der Fassung von Thomas Brasch nach Ezra Pound am Deutschen Theater in Berlin auf die Bühne. Als zweite, vergleichsweise textnahe und packende deutschsprachige Inszenierung des Sophokleischen Stücks in der Übersetzung von Dietrich Ebener ist die Inszenierung namens *Die Trachinierinnen* von Ingo Berk am Schauspiel Bonn in der Halle Beuel aus dem Jahre 2005 zu erwähnen. International machte die zeitgenössische freie Adaption von Martin Grimp *Cruel and Tender* (2004) von der Young Vic Theatre Company (London) unter der Regie von Luc Bondy damals Furore. Die Produktion der Wiener Festwochen, des Chichester Festival Theatre und des Young Vic in Koproduktion mit den Ruhrfestspielen Recklinghausen und dem Théâtre des Bouffes du Nord feierte als feministisches

121 Flashar 1991, 240–241, Zitat 240.

Revenge-Drama grosse Erfolge. Die deutsche Erstaufführung *Sanft und Grausam* fand 2005 unter der Regie von Christoph Diem am Staatstheater Stuttgart statt. 2006 kam *Sanft und Grausam* nach Bonn, weshalb man 2005 zunächst als Vorbereitung das Original der *Trachiniae* zeigte. Als Generationenkonflikt hinsichtlich des Auslebens von Emotionen wurde 2012 *Women from Trachis* unter der Regie und Übersetzung von Doron Bloomfield im Walgreen Drama Center, Studio One an der University of Michigan aufgeführt.

In der langen Geschichte des *Istituto Nazionale del Dramma Antico* (*INDA*) standen die *Trachiniae* im antiken Theater von Syrakus schon drei Mal auf dem Spielplan: 1933 in der Regie von Franco Liberati und in der Übersetzung von Ettore Bignone; 1980 in der Regie von Giancarlo Cobelli und in der Übersetzung von Umberto Albini und Vico Faggi; schliesslich im Jahre 2007 in der Regie von Walter Pagliaro und in der Übersetzung von Salvatore Nicosia. In Italien ist in diesem Zusammenhang vor allem noch die Anspielung in Pier Paolo Pasolinis *Affabulazione* zu nennen. Zunächst nannte der Dichter in seinen ersten Entwürfen (1966) die *Trachinierinnen* als sein Modell, was sich bis in die Überschriften niederschlug. Selbst nach den verschiedenen Umgestaltungen, die der Veröffentlichung (1969) folgten, blieben deutliche Bezüge darauf bestehen, selbst wenn in einer totalen Umkehrung der Verhältnisse in Bezug auf das Machtgefälle zwischen Herakles und Hyllos am Ende der *Trachiniae* bei Pasolini nun der Vater erzählt, wie er seinen Sohn tötete. Ferner sind für die Theatersituation im modernen Griechenland die freieren Adaptionen vom *National Theatre of Greece* aus den Jahren 1960, 1970, 1984 und 2013 zu nennen.[122]

Das *Archive of Performances of Greek and Roman Drama* (*APGRD*) in Oxford nennt insgesamt immerhin 118 künstleri-

122 Zur neueren Aufführungsgeschichte vgl. Wrigley 2004 und Alagkiozidou 2017.

sche Produktionen,[123] die eine Bandbreite von am Original ausgerichteten Inszenierungen, Universitätsaufführungen bis zu ganz freien Bearbeitungen in Form von Schauspiel, Hörspiel, Oper, Ballett, Musical und Performance bilden. Erwähnenswert ist die Londoner Produktion *Grounded* aus dem Jahre 2015, die wie Grimps *Cruel and Tender* am Beispiel des Herakles die Folgen der virtuellen Kriegsführung zeigte, sowie das BBC Hörspiel *Dianeira* von Timberlake Wertenbaker aus dem Jahre 1999 mit feministischer Stossrichtung. Hier fungierten die *Trachiniae* sowohl als patriarchale Folie als auch als humanistisches Modell im Sinne Edward Saids. Eine hinzugefügte externe Erzählerin namens Irene unterstrich dabei das ideologische Engagement, indem sie die Handlungsweisen der Figuren mit Kommentaren versah. Deianeira agierte hier als radikale Kritikerin des Patriarchats, was, wie beschrieben, im Original schon angelegt ist. Die Gleichberechtigung der Geschlechter und uneingeschränkter Säkularismus standen auf Wertenbakers politischer Agenda.[124]

## Die Zürcher Inszenierung (2024) und ihre Textgrundlage

Die vorläufig letzte der wenigen ernsthaften deutschsprachigen Inszenierungen, die eng am Original orientiert sind, erfolgte von Jossi Wieler in Zürich Ende 2024.[125] Doch selbst hier fliessen selbstverständlich sämtliche modernen Adaptionen und vorausgegangenen theatralen Realisierungen, die innovativen gräzistischen Forschungen zu dieser Tragödie sowie die jeweils aktuellen gesellschaftlich-politischen Diskurse in den Rezeptions-

123 Zugang 6. Sept. 2025.

124 Als Textfassung Wertenbaker 2002. Vgl. dazu Alagkiozidou 2020–2021.

125 Siehe ausführlich Bierl 2025, wobei Teile von diesem Text hier übernommen wurden. Zu Wieler vgl. Kurzenberger 2011.

prozess ein, zumal reine Texttreue als Qualitätskategorie letztlich eine Illusion darstellt. Die aktuellen Themen wie Migration, Flucht und Exil, festgefügte Genderrollen, mitgeschleppte Traumata, die Ehe als Gift, die toxische Männlichkeit, die Fallstricke der patriarchalen Ordnung, der man als Frau nicht entkommen kann, nähren demnach heute jeweils die Idee der Umsetzung auf einer modernen Spielstätte. Zugleich gelingt damit der Nachweis, dass Antike ein immer neues Arsenal anthropologisch bedeutsamer Motive bereitstellt und somit auf der Folie der Vergangenheit, des Mythos und des Anderen Reflexionsräume für heute öffnet. Eine rein archäologisch-historische Annährung an den Originalwortlaut und die antike Theatersituation stellt lediglich eine sterile Fiktion dar, die in letzter Konsequenz einem breiteren heutigen Publikum nichts sagt, weil sein Erwartungshorizont nicht getroffen wird und damit jegliche Resonanz ausbleiben muss.

Die Zürcher Inszenierung wird von der leitenden Idee gespeist, das Stück auf eine Familientragödie zuzuschneiden. Die Box des Zürcher Schiffbaus ist in ihren Betonwänden offen sichtbar. In die Mitte hat die Bühnenbildnerin Muriel Gerstner eine phantasmagorisch überdimensionierte Biedermeierkommode,[126] einen Turm mit einer Breite von drei Metern und einer Höhe von fünf Metern, mit sieben Schubladen gestellt, in der sogar die Schauspielerinnen leicht Platz finden. Die Kommode ist ein genialer Einfall, da sie ein Relikt des alten Haushalts im Exil darstellt. Das Heimelige ragt, wie Muriel Gerstner selbst andeutet, nach Siegmund Freud gewissermassen ins Unheimliche.[127] In der Kommode verstaut man alles heimlich aus der Vergangenheit: Schriftstücke, Geheimnisse wie die Phiale oder Schriftstücke wie hier die Schrifttafel, die Herakles bei der

126 Zur Person vgl. Jauslin 2005.

127 Freud 1919. Vgl. Muriel Gerstner in «Ehe & Gift» im Programmheft.

Abfahrt vor fünfzehn Monaten hinterliess. Als Bühnenobjekt spiegelt das Möbelstück wie in einer *mise en abyme* die Atmosphäre des weiblichen Raums des Schlafzimmers und den Kern der Handlung wider, indem es zugleich das Zaubermittel und die Tücher der Ausstattung als Symbol der gefährlichen Liebe ver- und entbirgt. Jossi Wieler verdichtet sein Familienspiel, indem er den Chor auf die Amme und die zwei Töchter verteilt und sie mit Namen individualisiert, nämlich Makaria und Althaia. Angstzustände, Vorahnungen, Prophetien, Wiederholung des Immergleichen und die Zuschreibung an übernatürliche Einflüsse fallen nach Freud in die Kategorie des Unheimlichen. Alles Verdrängte, das im Trauma wieder ans Tageslicht kommt, ist ebenso mit dem Konzept verbunden. Auf der atmosphärischen Dimension geht es einher mit dem Onirischen, dem Traum und der Märchenwelt, wo alles nach einer unheimlichen Logik abläuft. Die ins Phantasmagorische verzerrte Kommode ist Symbol davon. Zugleich kann man den in der Aufführung verarbeiteten Liebesdiskurs mit Jacques Lacan in Zusammenhang bringen.

Kurt Steinmanns sprachlich durchaus anspruchsvolle, eigens dafür angefertigte Übertragung, die dem Prinzip der dokumentarischen Übersetzungstheorie verpflichtet ist,[128] verstärkt im rhythmischen Fluss der freien Rhythmen den Eindruck des Onirischen und Märchenhaften, der imaginär-phantastischen Atmosphäre. Die eng am griechischen Originaltext des Sophokles ausgerichtete Textgrundlage versteht sich darauf, die zeitliche Nähe und Ferne sowie das Selbst und das Andere im theatralen Raum zu verbinden. Die Bildsprache der Zürcher Regiearbeit steht also im Kräftefeld zwischen Freud und Lacan, zwischen dem Unheimlichen, der Verdrängung und des Traumas sowie dem phallischen und weiblich-geniessenden Begehren (*jouissement*).

128 Vgl. Mindt 2009.

Die abschliessende Sentenz des Chors spricht bei Wieler die Amme (1275–1278):

Bleibt nicht zurück bei dem Haus,
die ihr grosse neue Tode gesehn
und viele und unerhörte Leiden,
und in alldem ist nichts, was nicht Zeus ist.

Doch interessanterweise bleibt es nicht bei diesem Finale, das eine resignative Reflexion zur Wirkweise der fernen Götter und insbesondere zum Göttervater als immer wieder wiederholte Volksweisheit darstellt. Vielmehr erhält nun die bisher stumme Iole ein Schlusswort, das ihr hinzugedichtet wird:

Vor Zeiten schon kam bei den Menschen auf der Spruch,
dass man von keines Menschen Leben wissen kann, bevor
er starb, ob es gesegnet für ihn war, ob schlimm.
Ich aber weiss bestimmt, noch ehe ich zum Hades gehe,
dass meins unselig ist und schwer.

Man erkennt, dass es das in den ersten Versen (1–5) von Deianeira gegebene Fazit ihrer weiblichen Existenz wortwörtlich wiederholt. Der Kreis schliesst sich. Iole wurde schon durch die Eroberung in den Bann der toxischen Liebe gezogen. Ganz ähnlich erging es Deianeira früher. Sie hatte schon richtig analysiert, dass Schönheit sie ins Unglück stürzte (25). Von Mitleid ergriffen erkannte sie bei Iole das nämliche Muster (465). In jeder Generation wiederholt sich also dieselbe Konstellation. Das Prinzip der Zirkulation wird in dieser Ringstruktur nochmals betont. Diesem Kreislauf kann man in der patriarchalen Ordnung nicht entfliehen. Schönheit, an der sich die Erziehung der Mädchen orientiert, verwandelt sich unter den Bedingungen der patriarchalen Ehe letztlich zu Gift. Darauf basiert auch Deianeiras fast nostalgische Sicht auf die glückliche Zeit als Mädchen vor der sexuellen Reife. Doch in der Zürcher Inszenierung sind selbst die jungen Mädchen schon von der toxischen Ordnung infiziert, weshalb sie sich darauf verstehen, diese anstelle der Chorfrauen zu kommentieren.

Die von der Theaterkritik hochgelobte Übersetzung von Kurt Steinmann, der 2019 für seine zahlreichen Übertragungen aus der Antike mit dem Johann-Heinrich-Voss-Preis für Übersetzung ausgezeichnet wurde, wird hier in diesem Band vorgelegt und möge viele Leserinnen und Leser sowie noch zahlreiche weitere Inszenierungen auf der deutschsprachigen Bühne finden.

# Literaturverzeichnis

Abkürzungen der Zeitschriften nach *L'Année Philologique*


Alagkiozidou, Sofia (2017). Trachiniae *and Its Dramatic Reception: Identities and Ideologies in Transition, Crisis and Transformation*, Diss. London. https://pure.royalholloway.ac.uk/en/publications/trachiniae-and-its-dramatic-reception-identities-and-ideologies-i und https://pure.royalholloway.ac.uk/ws/portalfiles/portal/27739613/2017alagkiozidousphd.pdf.pdf.

Alagkiozidou, Sofia (2020–2021). «Feminism(s) and Humanism in Wertenbaker's *Dianeira*», *Didaskalia* 16/2. https://www.didaskalia.net/issues/16/2/.

Allen-Hornblower, Emily (2016). *From Agent to Spectator: Witnessing the Aftermath in Ancient Greek Epic and Tragedy* (Trends in Classics – Suppl. Vol. 30), Berlin/Boston.

Angelopoulou, Afroditi (2025). *The Body and the Senses in Greek Tragedy*, New York.

Armoni, Charikleia A. (2001). *Liebestränke und Giftmord. Die Gestalt der Deianeira in den* Trachinierinnen *des Sophokles*, Göttingen.

Barthes, Roland (1977). *Fragments d'un discours amoureux*, Paris.

Bierl, Anton F. H. (1991). *Dionysos und die griechische Tragödie. Politische und ‹metatheatralische› Aspekte im Text* (Classica Monacensia 1), Tübingen.

Bierl, Anton (2010). «Prädramatik auf der antiken Bühne: Das attische Drama als theatrales Spiel und ästhetischer Diskurs», in: Martina Gross, Patrick Primavesi (Hrsg.), *Lücken sehen … Beiträge zu Theater, Literatur und Performance*, Heidelberg, 69–82.

Bierl, Anton (2017). «The Bacchic-Chor(a)ic Chronotope: Dionysus, *Chora* and Chorality in the Fifth Stasimon of Sophocles' *Antigone*», in: Anton Bierl, Menelaos Christopoulos, Athina Papachrysostomou (eds), *Time and Space in Ancient Myth, Religion and Culture*, Berlin/New York, 99–144.

Bierl, Anton (2018). «God of Many Names: Dionysus in the Light of his Cult Epithets», in: Athena Kavoulaki (ed.), Πλειών: *Papers in Memory of Christiane Sourvinou-Inwood* (Ariadne, Suppl. 1), Rethymnon, 229–288.

Bierl, Anton (2022). «Griechische Helden und die Gewalt: Ambivalenz, Opfer und Heroenkult», in: Susanne Fischer, Gerd Hankel, Wolfgang Knöbel (Hrsg.), *Die Gegenwart der Gewalt und die Macht der Aufklärung. FS für Jan Philipp Reemtsma*, Springe, II, 11–46.

Bierl, Anton (2025). «Trachinie di Sofocle: patriarcato, violenza e amore tossico. Sull'attualità di una tragedia dimenticata», *Visioni del tragico* (16/6/2025). https://www.visionideltragico.it/blog/contributi/trachinie-di-sofocle-patriarcato-violenza-e-amore-tossico-sull-attualita-di-una-tragedia-dimenticata.

Blanco, Chiara (2020). «Heracles' Itch: An Analysis of the First Case of Male Uterine Displacement in Greek Literature», *CQ* 70, 27–42.

Blumenberg, Hans (1979/2021). *Arbeit am Mythos*, 7. Aufl., Frankfurt am Main (1. Aufl. 1979).

Bowman, Laurel (1999). «Prophecy and Authority in the *Trachiniai*», *AJPh* 120, 335–350.

Brelich, Angelo (1958/2010). *Gli eroi greci. Un problema storico-religioso*, 3. Aufl., Roma (1. Aufl. 1958).

Budelmann, Felix (1999). *The Language of Sophocles: Communality, Communication, and Involvement*, Cambridge.

Budelmann, Felix & Easterling, Pat (2010). «Reading Minds in Greek Tragedy», *G&R* 57, 289–303.

Budelmann, Felix & Sluiter, Ineke (eds) (2023). *Minds on Stage: Greek Tragedy and Cognition*, Oxford.

Carawan, Edwin (2000). «Deianira's Guilt», *TAPhA* 130, 189–237.

Catenacci, Carmine (2012). *Il tiranno e l'eroe. Storia e mito nella Grecia antica*, Bari.

Catenacci, Carmine (2024). «Eros violento e dolore senza rabbia: la tragedia di Deianira nelle *Trachinie* di Sofocle», *Dioniso* 14, 85–118.

Davies, Malcolm (ed.) (1991). *Sophocles. Trachiniae*, edited with Introduction and Commentary, Oxford.

Easterling, Pat E. (1968). «Sophocles, *Trachiniae*», *BICS* 15, 58–69.

Easterling, Pat E. (ed.) (1982). *Sophocles. Trachiniae*, Cambridge.

Easterling, Pat E. (1990). «Constructing Character in Greek Tragedy», in: Pelling 1990, 83–99.

Edmunds, Lowell (2002). «Oedipus as Tyrant in Sophocles' *Oedipus Tyrannus*», *SyllClass* 13, 63–103.

Faraone, Christopher A. (1994). «Deianeira's Mistake and the Demise of Heracles: Erotic Magic in Sophocles' *Trachiniae*», *Helios* 21, 115–135.

Faraone, Christopher A. (1999). *Ancient Greek Love Magic*, Cambridge, MA.

Finkelberg, Margalit (1996). «The Second Stasimon of the *Trachiniae* and Heracles' Festival on Mount Oeta», *Mnemosyne* 49, 129–143.

Flashar, Hellmut (1976). «Die Handlungsstruktur des *König Ödipus*», *Poetica* 8, 355–360 (Nachdruck in: *Eidola*, Amsterdam 1989, 175–178).

Flashar, Hellmut (1991). *Inszenierung der Antike. Das griechische Drama auf der Bühne der Neuzeit*, München.

Flashar, Hellmut (2009). *Inszenierung der Antike. Das griechische Drama auf der Bühne. Von der frühen Neuzeit bis zur Gegenwart*, 2. überarbeitete und erweiterte Aufl., München (1. Aufl. 1991).

Flashar, Hellmut (2000/2010). *Sophokles. Dichter im demokratischen Athen*, München (2. Aufl. 2010).

Fornaro, Maria (2003–2005). «Miti tragici e filosofi teatrali: l'orazione LX ‹Nesso o Deianira› di Dione Crisostomo», *Sandalion* 26–28 (pubbl. 2007), 127–139.

Freud, Sigmund (1900). *Die Traumdeutung*, Leipzig/Wien.

Freud, Sigmund (1919). «Das Unheimliche», *Imago* 5, 297–324. Nachdruck hrsg. von Oliver Jahraus, Stuttgart 2020.

Fuqua, Charles (1980). «Heroism, Heracles, and the *Trachiniae*», *Traditio* 36, 1–81.

Gasti, Helen (1993). «Sophocles' *Trachiniae*: A Social or Externalized Aspect of Deianeira's Morality», *A&A* 39, 20–28.

Gentili, Bruno (1984). «L'*Edipo Re* tra mito e storia», in: Renato Uglione (ed.), *Atti delle giornate di studio su Edipo* (Torino, 11–13 aprile 1983), Torino, 123–136.

Gill, Christopher (1996). *Personality in Greek Epic, Tragedy, and Philosophy. The Self in Dialogue*, New York/Oxford.

Goldhill, Simon (1986). *Reading Greek Tragedy*, Cambridge.

Graf, Fritz (1996). *Gottesnähe und Schadenzauber. Die Magie in der griechisch-römischen Antike*, München.

Heath, Malcolm (1987). *The Poetics of Greek Tragedy*, London.

Heiden, Bruce A. (1989). *Tragic Rhetoric: An Interpretation of Sophocles' Trachiniae*, New York/Frankfurt.

Heiden, Bruce (2012). «*Trachiniae*», in: Andreas Markantonatos (ed.), *Brill's Companion to Sophocles*, Leiden/Boston, 129–148.

Henrichs, Albert (1996). «Dancing in Athens, Dancing in Delos: Some Patterns of Choral Projection in Euripides», *Philologus* 140, 48–62.

Henrichs, Albert (2000). «Drama and *Dromena*: Bloodshed, Violence, and Sacrificial Metaphor in Euripides», *HSPh* 100, 173–188.

Hölscher, Uvo (1988). *Die Odyssee. Epos zwischen Märchen und Roman*, München.

Holt, Philip (1981). «Disease, Desire, and Deianeira: A Note on the Symbolism of the *Trachiniae*», *Helios* 8, 63–73.

Holt, Philip (1989). «The End of the *Trachiniai* and the Fate of Herakles», *JHS* 109, 69–80.

Jakobson, Roman (1971). «Two Aspects of Language and Two Types of Aphasic Disturbances», in: *Roman Jakobson. Selected Writings II. Word and Language*, The Hague/Paris, 239–259.

Janka, Markus (2004). *Dialog der Tragiker. Liebe, Wahn und Erkenntnis in Sophokles'* Trachiniai *und Euripides'* Hippolytos, München/Leipzig.

Jauslin, Christian (2005). «Muriel Gerstner», in: Andreas Kotte (Hrsg.), *Theaterlexikon der Schweiz*, I, Zürich, 699–700.

Jebb, Richard C. (1892). *Sophocles. The Plays and the Fragments*, vol. V: *The Trachiniae*, Cambridge (Nachdruck London 2004).

Jong, Irene J. F. de (2007). «Sophocles' *Trachiniae*, Euripidean Prologues, and Their Audiences», in: Rutger J. Allan, Michel Buijs (eds), *The Language of Literature. Linguistic Approaches to Classical Texts*, Leiden, 7–28.

Kamerbeek, Jan C. (1970). *The Plays of Sophocles*, vol. II: *The Trachiniae*, Leiden.

Kitzinger, Margaret Rachel (2012). «The Divided Worlds of Sophocles' *Women of Trachis*», in: Kirk Ormand (ed.), *Companion to Sophocles*, Malden, MA/Oxford, 111–125.

Kott, Jan (1975). *Gott-Essen. Interpretationen griechischer Tragödien*, München/Zürich.

Kurzenberger, Hajo (Hrsg.) (2011). *Jossi Wieler – Theater*, Berlin.

Lacan, Jacques (1956). «The Freudian Thing, or the Meaning of the Return to Freud in Psychoanalysis», in: Lacan 2006, 334–363 (= Lacan 1966, 401–436).

Lacan, Jacques (1957). «The Instance of the Letter in the Unconscious, or Reason Since Freud», in: Lacan 2006, 412–441 (= Lacan 1966, 493–528).

Lacan, Jacques (1962). «Guiding Remarks for a Convention on Female Sexuality», in: Lacan 2006, 610–620 (= Lacan 1966, 725–736).

Lacan, Jacques (1964). «On Freud's ‹Trieb› and the Psychoanalyst's Desire», in: Lacan 2006, 722–725 (= Lacan 1966, 851–854).

Lacan, Jacques (1966). *Écrits*, Paris.

Lacan, Jacques (1992). *The Ethics of Psychoanalysis. The Seminar of Jacques Lacan*, ed. Jacques-Alain Miller, Book VII, translated with notes by Dennis Porter, London (frz. orig. Paris 1986; Deutsch: Lacan 1996/2016).

Lacan, Jacques (1996/2016). *Das Seminar, Buch VII (1959–1960). Die Ethik der Psychoanalyse*, übersetzt von Norbert Haas nach dem von Jacques-Alain Miller hergestellten französischen Text, 2. Aufl., Wien (1. Aufl., Weinheim 1996).

Lacan, Jacques (2006). *Écrits. The First Complete Edition in English*, translated by Bruce Fink, New York/London.

Latacz, Joachim (1993/2003). *Einführung in die griechische Tragödie*, 3. Aufl., Göttingen (1. Aufl. 1993).

Lefèvre, Eckard (2001). *Die Unfähigkeit, sich zu erkennen. Sophokles' Tragödien*, Leiden.

Levett, Brad (2004). *Sophocles: Women of Trachis* (Duckworth Companions to Greek and Roman Tragedy), London.

Lloyd-Jones, Hugh & Wilson, Nigel G. (eds) (1990). *Sophoclis Fabulae*, Oxford.

Loraux, Nicole (1981). «Le lit, la guerre», *L'Homme* 21, 37–67.

Loraux, Nicole (1987). *Tragic Ways of Killing a Woman*, translated by Anthony Forster, Cambridge, MA/London.

Loraux, Nicole (1990). «Herakles: The Super-Male and the Feminine», in: Froma I. Zeitlin, John J. Winkler, David M. Halperin (eds), *Before Sexuality: The Construction of Erotic Experience in the Ancient Greek World*, Princeton, 21–52.

Loraux, Nicole (1995). *The Experiences of Tiresias: The Feminine and the Greek Man*, translated by Paula Wissing, Princeton.

Mattison, Kathryn (2015). «Sophocles' *Trachiniae*: Lessons in Love», *Greece & Rome* 62, 12–24.

Meier, Christian (1988). *Die politische Kunst der griechischen Tragödie*, München (2. erweiterte Aufl. 2022).

Mills, Sophie (2017). «*The Women of Trachis*», in: Rosanna Lauriola, Kyriakos N. Demetriou (eds), *Brill's Companion to the Reception of Sophocles*, Leiden/Boston, 512–557.

Mindt, Nina (2009). «Dokumentarische und transponierende Übersetzung», in: Josefine Kitzbichler, Katja Lubitz, Nina Mindt, *Theorie der Übersetzung antiker Literatur in Deutschland seit 1800*, Berlin/New York, 273–298.

Mitchell-Boyask, Robin (2008). *Plague and the Athenian Imagination: Drama, History, and the Cult of Asclepius*, Cambridge/New York.

Nagy, Gregory (2013). *The Ancient Greek Hero in 24 Hours*, Cambridge, MA/London.

Nooter, Sarah (2012). *When Heroes Sing: Sophocles and the Shifting Soundscape of Tragedy*, Cambridge.

Ormand, Kirk (1999). *Exchange and the Maiden: Marriage in Sophoclean Tragedy*, Austin.

Papadimitropoulos, Loukas (2008). «Heracles as Tragic Hero», *CW* 101, 131–138.

Parca, Maryline (1992). «Of Nature and Eros: Deianeira in Sophocles' *Trachiniae*», *ICS* 17, 175–192.

Parlavantza-Friedrich, Ursula (1969). *Täuschungsszenen in den Tragödien des Sophokles*, Berlin.

Pelling, Christopher (ed.) (1990). *Characterization and Individuality in Greek Literature*, Oxford.

Peponi, Anastasia-Erasmia (2012). *Frontiers of Pleasure: Models of Aesthetic Response in Archaic and Classical Greek Thought*, Oxford/New York.

Pòrtulas, Jaume (2010). «La sposa e la concubina: a proposito della figura di Iole nelle *Trachinie*», in: Francesco De Martino, Carmen Morenilla (eds), *Teatro y sociedad en la Antigüedad Clásica. La redefinición del ‹rôle› de la mujer por el escenario de la guerra*, Bari, 285–308.

Rehm, Rush (1994). *Marriage to Death: The Conflation of Wedding and Funeral Rituals in Greek Tragedy*, Princeton.

Riess, Werner (2012). *Performing Interpersonal Violence. Court, Curse, and Comedy in Fourth-Century BCE Athens*, Berlin.

Rodighiero, Andrea (2004). *Sofocle. La morte di Eracle (Trachinie)*, Venezia.

Ryzman, Marlene (1991). «Deianeira's Moral Behaviour in the Context of the Natural Laws in Sophocles' ‹Trachiniae›», *Hermes* 119, 385–398.

Ryzman, Marlene (1993). «Heracles' Destructive Impulses: A Transgression of Natural Laws (Sophocles' *Trachiniae*)», *RBPh* 71, 69–79.

Schlegel, August Wilhelm (1966). *Vorlesungen über dramatische Kunst und Literatur* (1809), in: *Kritische Schriften und Briefe*, hrsg. von Edgar Lohner, V, Stuttgart.

Schlegel, Friedrich (1979). *Kritische Friedrich-Schlegel-Ausgabe*, hrsg. von Ernst Behler (in Zusammenarbeit mit Jean Jacques Anstett und Hans Eichner), I, Paderborn.

Schwinge, Ernst-Richard (1962). *Die Stellung der* Trachinierinnen *im Werk des Sophokles*, Göttingen.

Scott, Mary (1995). «The Character of Deianeira in Sophocles' *Trachiniae*», *AClass* 38, 17–27.

Scott, Mary (1997). «The Character of Deianeira in Sophocles' *Trachiniae*» [Part II], *AClass* 40, 33–47.

Sedgwick, Eve Kosofsky (1985). *Between Men: English Literature and Male Homosocial Desire*, New York.

Seferiadi, Gesthimani (2022). *Gendered Politics in Sophocles'* Trachiniae, London.

Segal, Charles (1977). «Sophocles' *Trachiniae*. Myth, Poetry, and Heroic Values», *YClS* 25, 99–158 (Nachdruck in: *Sophocles' Tragic World: Divinity, Nature, Society*, Cambridge, MA/London 1995, 26–68).

Segal, Charles (2000). «The Oracles of Sophocles' *Trachiniae*: Convergence or Confusion?», *HSPh* 100, 151–171.

Seidensticker, Bernd (2008). «Character and Characterization in Greek Tragedy», in: Martin Revermann, Peter Wilson (eds), *Performance, Iconography, Reception. Studies in Honour of Oliver Taplin*, Oxford/New York, 333–346.

Söring, Jürgen (1982). *Tragödie. Notwendigkeit und Zufall im Spannungsfeld tragischer Prozesse*, Stuttgart.

Weiberg, Erika L. (2018). «The Writing on the Mind: Deianeira's Trauma in Sophocles' *Trachiniae*», *Phoenix* 72, 19–42.

Weiberg, Erika L. (2024). *Demanding Witness: Women and the Trauma of Homecoming in Greek Tragedy*, Oxford.

Wertenbaker, Timberlake (2002). *Plays 2. The Break of Day; After Darwin; Credible Witness; The Ash Girl; Dianeira*, London.

Wilamowitz-Moellendorff, Tycho von (1917). *Die dramatische Technik des Sophokles*, Berlin (Nachdruck, 4. Aufl. mit einem Anhang zur Neuaufl. von William M. Calder III und Anton Bierl, Hildesheim 1996).

Winkler, John J. (1990). *The Constraints of Desire. The Anthropology of Sex and Gender in Ancient Greece*, London.

Winnington-Ingram, Reginald P. (1980). *Sophocles: An Interpretation*, Cambridge.

Wohl, Victoria (1998). *Intimate Commerce: Exchange, Gender, and Subjectivity in Greek Tragedy*, Austin.

Wrigley, Amanda (2004). «Details of Productions Discussed», in: Edith Hall, Fiona Macintosh, Amanda Wrigley (eds), *Dionysus Since 69. Greek Tragedy at the Dawn of the Third Millennium*, Oxford, 369–418.

Zeitlin, Froma I. (1965). «The Motif of the Corrupted Sacrifice in Aeschylus' *Oresteia*», *TAPhA* 96, 463–508.

Zeitlin, Froma I. (1986). «Thebes: Theater of Self and Society in Athenian Drama», in: Peter Euben (ed.), *Greek Tragedy and Political Theory*, Berkeley, CA, 101–141 (Nachdruck in: John J. Winkler, Froma I. Zeitlin (eds), *Nothing to Do with Dionysos? Athenian Drama in Its Social Context*, Princeton 1990, 130–167).

Zeitlin, Froma I. (1996). *Playing the Other: Gender and Society in Classical Greek Literature*, Chicago, London.

Das Signet des Schwabe Verlags ist die Druckermarke der 1488 in Basel gegründeten Offizin Petri, des Ursprungs des heutigen Verlagshauses. Das Signet verweist auf die Anfänge des Buchdrucks und stammt aus dem Umkreis von Hans Holbein. Es illustriert die Bibelstelle Jeremia 23,29: «Ist mein Wort nicht wie Feuer, spricht der Herr, und wie ein Hammer, der Felsen zerschmeisst?»